GÜNTER LANCZKOWSKI

DIE RELIGIONEN DER AZTEKEN, MAYA UND INKA

WISSENSCHAFTLICHE BUCHGESELLSCHAFT
DARMSTADT

Einbandgestaltung: Neil McBeath, Stuttgart.
Einbandbild: Quetzalcoatl.

CIP-Titelaufnahme der Deutschen Bibliothek

Lanczkowski, Günter:
Die Religionen der Azteken, Maya und Inka /
Günter Lanczkowski. – Darmstadt: Wiss. Buchges.,
1989
ISBN 3-534-03222-5

Bestellnummer 03222-5

Satz: Setzerei Gutowski, Weiterstadt
Druck und Einband: Wissenschaftliche Buchgesellschaft, Darmstadt
Printed in Germany
Schrift: Linotype Times, 9.5/11

ISBN 3-534-03222-5

INHALT

Vorwort VII

Zur Aussprache IX

Europa und die Neue Welt 1
Unheilvolle Vorzeichen 1
Die Conquista 4
Die Begegnung des Christentums mit den Religionen der Azteken, Maya und Inka 9
Zerstörung und Bewahrung 15

Das toltekische Erbe 21

Die Azteken 29
Das aztekische Reich 29
Hochgottglaube, Henotheismus und Nagualismus 37
Polytheistische Numina 45
Gottesferne und Gottesnähe 49
Das Menschenopfer 53
Der Schicksalsglaube 55

Die Maya 67
Das Alte und das Neue Reich 67
Dualistische Konzeptionen 81
Schöpfung als Experiment 88
Der Kampf in der Unterwelt 94
Das mythische Weltbild 96
Aufgabe und Schicksal des Menschen 98

Die Inka 101
Tahuantinsuyu – Das Reich der vier Weltgegenden 101
Gottheiten des inkaischen Bereichs 105
Sonnenverehrung und Sakralherrschertum 109
Der inkaische Mensch 115

Das indianische Erbe 117

Bildnachweis 121

Register 123

VORWORT

Zweifellos richten sich Kenntnis und Einschätzung der in diesem Buche behandelten Religionen noch bis heute im allgemeinen nach jenen Ansichten, die die Conquistadoren, die spanischen Eroberer der Neuen Welt, gewannen und die sie mit ihren Berichten in Europa bekannt machten. Denn der Königlich Spanische Indienrat wachte sorgfältig darüber, daß andere Nachrichten, wie sie von Ordensleuten und indianischen Adligen erstattet wurden, unbekannt blieben und in Archiven und Bibliotheken verschwanden, in denen sie erst allmählich und bis in unser Jahrhundert hinein entdeckt wurden.

Es hat sich daher die Vielgötterei, der Polytheismus Altamerikas, ebenso im allgemeinen Bewußtsein festgesetzt wie in noch stärkerem Maße der fraglos grausame Ritus des sakralen Menschenopfers, mit dem die Conquistadoren ihr eigenes kriegerisches Vorgehen zu rechtfertigen versuchten.

Es ist wenig nützlich, dabei auf Übertreibungen zu verweisen oder darauf, daß sich das Menschenopfer auch in anderen Religionen auf frühen Stufen fand und in dem oft so gepriesenen Indien trotz eines frühzeitig von den einstigen britischen Kolonialbehörden erlassenen Verbotes noch bis heute bei der Witwenverbrennung und gelegentlich auch in anderen Formen vollzogen wird.

Wesentlicher ist die Einsicht, daß es sich hierbei um den Ausdruck, nicht aber um den Anlaß eines religiös motivierten Kultes handelte. Damit aber ist generell der Blick gelenkt auf die genuin religiösen Motive der Azteken, Maya und Inka, auf die innerlichen Beweggründe ihres religiösen Glaubens und Handelns, die sich keineswegs nur im Menschenopfer äußerten.

Hierfür besitzen wir heute genügend authentische Quellen, die inhaltlich erheblich abweichen von den Berichten der Conquistadoren. Unter Heranziehung dieser Zeugnisse soll auf den folgenden Seiten der Versuch unternommen werden, zu einer gerechten Wertung im Sinne einer wirklich religiösen Wesenserfassung der in Frage stehenden Religionen zu gelangen.

Nur eine solche Sichtweise wird auch dem Thema der Begegnung des Christentums mit diesen indianischen Religionen gerecht, einer Begegnung, die in den Zeiten der Conquista begann und in ihrer fortwirkenden Bedeutung bis heute anhält.

Für das Lesen der Korrekturen und die Anfertigung des Registers danke ich meinem Sohn Clemens.

G. L.

ZUR AUSSPRACHE

Im Aztekischen, Maya und im Quechua, der Hoch- und Verwaltungssprache des Inka-Reiches, ist

c vor e und i	=	stimmloses s,
c vor a, o, u	=	k
ç vor a, o, u	=	stimmloses s,
ch	=	tsch,
hu	=	englisches w,
x	=	sch,
z	=	s (im Aztekischen stimmlos),
ll	=	lj (im Quechua).

Die Betonung liegt im Aztekischen auf der vorletzten Silbe, im Maya meist auf der letzten. Im Quechua werden mehrsilbige Wörter, die auf einen Konsonanten (außer n und s) enden, auf der letzten Silbe betont; bei mehrsilbigen Wörtern, die auf einen Vokal oder n und s enden, liegt der Ton auf der vorletzten Silbe.

EUROPA UND DIE NEUE WELT

Unheilvolle Vorzeichen

Ehe die Conquistadoren, die spanischen Eroberer der Neuen Welt, den Boden Mexikos betraten, ereigneten sich dort seltsame Dinge, die von den Azteken, den indianischen Herren des damaligen mexikanischen Reiches, als Vorzeichen kommenden Unheils verstanden wurden. Sahagún, unser zuverlässigster Gewährsmann, berichtet darüber im ersten Kapitel seines berühmten 12. Buches, das die Ereignisse der Conquista aus aztekischer Sicht darstellt[1]: „Zehn Jahre bevor die Spanier ankamen, zeigte sich zum erstenmal am Himmel ein unheimliches Vorzeichen wie ein Feuerbüschel, wie eine Feuerflamme, wie eine Aurora, die ausgestreckt war, als sie sichtbar wurde, gleichsam in den Himmel stach. Sie war an der Basis breit, oben spitz. Bis in die Mitte des Himmels, bis an das Herz des Himmels reichte sie, bis in das Himmelsherz reichte sie. Sie ward gesehen im Osten, erhob sich bis zur vollen Höhe um Mitternacht. Wenn die Morgenröte kam, dann erst verdrängte die Sonne sie."

Alexander von Humboldt hat wohl als erster vermutet, daß es sich dabei um die nicht häufige Erscheinung eines Zodiakal- oder Tierkreislichtes handelte, das sich in den Tropen deutlicher zeigt als in unseren Breiten.[2]

Ixtlilxochitl, der Nachkomme der Fürsten von Tetzcoco, einer Mexiko benachbarten Stadt, berichtet über die Reaktionen Motecuçomas II., des aztekischen Kaisers sowie des Fürsten Nezahualpilli von Tetzcoco[3]: „Dieses Zeichen erregte tiefe Schrecken im ganzen Lande und verwirrte selbst die kenntnisreichsten Astrologen und klügsten Wahrsager ... Besondere Sorge machten diese Vorgänge Nezahualpilli und Motecuçoma, da an ihnen zuerst die ganze Schwere der Veränderungen sich auswirken würde; und da der König von Tetzcoco in allen Wissenschaften und zumal in der Astrologie erfahren war, wurde er in seinem Glauben an die Pro-

[1] Eduard Seler, Einige Kapitel aus dem Geschichtswerk des Fray Bernardino de Sahagun (im folgenden als Sahagún-Seler zitiert), Stuttgart 1927, S. 453 ff.

[2] Alexander von Humboldt, in: Kosmos I (1845), S. 144 f.

[3] H. G. Bonte, Das Buch der Könige von Tezcuco, Leipzig 1930, S. 141 ff.

phezeiungen seiner Väter gefestigt ... Da sie nun die Not zum Handeln zwang, kamen sie zu einer Versöhnung zusammen und verhandelten über die Drohungen des Himmels. Nezahualpilli glaubte, kein Heilmittel finden zu können..."

Als Beweis für seine Ansicht schlug er drei Ballspiele vor, die Motecuçoma zunächst zweimal gewann.

„Darauf sagte ihm Nezahualpilli, der mit Absicht verloren hatte, es sei seltsam, wie schnell man sich in der Einbildung gefallen könne, absoluter Herrscher des Reiches zu sein; nun aber solle er einsehen lernen, wie das Herrschen wandelbar sei und wie eitel alle Dinge der Welt, da er, obwohl er zwei Spiele gewonnen habe, doch den Sieg nicht erringen werde. Als sie nun weiterspielten, konnte Motecuçoma trotz aller aufgewandten Mühe das fehlende Spiel nicht erringen; Nezahualpilli aber gewann ...

Nach diesen Ereignissen zog sich der König von Tetzcoco an seinen Hof zurück. Jeden Tag aber zeigten sich neue Wunderzeichen, die die völlige Vernichtung des Reiches anzeigten."

Zwei dieser unheilvollen Vorzeichen erinnerten an das Ende früherer Weltperioden, die nach aztekischem Glauben der jetzigen vorangegangenen waren und deren Vernichtung einerseits durch Feuer, andererseits durch Wasser verursacht worden war. Sahagún berichtet darüber[4]: „Es brannte von selbst, ging in Flammen auf, ohne daß ihn einer angesteckt hätte, indem er von selbst sich entzündete, der Tempel (des Gottes) Huitzilopochtli ... Und als sie Wasser darauf gossen, um zu löschen, brannte das Feuer um so mehr, konnte nicht gelöscht werden, brannte ..." „Das Wasser schäumte auf, ohne Wind, der es aufschäumen machte, wie kochendes Wasser, wie mit platzendem Geräusch kochendes Wasser. Weithin ging es, weithin in die Höhe stieg es. Und die Wogen erreichten die Grundmauern der Häuser und überspülten sie. Und die Häuser wurden vom Wasser bedrängt, stürzten ein."

Zu den Naturkatastrophen kam das seltsame Verhalten einer Frau, die die Azteken als ihre Erdgöttin Ciuacoatl, die „weibliche Schlange", zu erkennen glaubten[5]: „Oft wurde eine Frau gehört, die weinte, die schrie in der Nacht, schrie sehr; sie sprach: Meine lieben Kinder, wir gehen zugrunde! Bisweilen rief sie auch: Meine lieben Kinder, wohin soll ich euch bringen?"

Alle diese ungewöhnlichen, Unglück verheißenden Ereignisse sind von den Azteken später, rückblickend auf die inzwischen erfolgte spanische Eroberung, als Zeichen gedeutet worden, die auf die Ankunft der

[4] Sahagún-Seler, S. 455.
[5] Sahagún-Seler, a. a. O.

Abb. 1: Motecuçoma II. beobachtet vom Dach seines Palastes einen unheilverkündenden Kometen.

Conquistadoren hinweisen sollten. Diese spezifische Deutung war zunächst nicht möglich, da die unheilvollen Vorzeichen sich ereigneten, ehe die Spanier landeten und die Azteken von ihnen Kenntnis erhielten. Aber Hinweise auf zukünftiges Unheil meinten das vorzeichengläubige Volk und seine Herrscher auf jeden Fall erhalten zu haben. Und es ist wahrscheinlich, daß sie hierunter zunächst das Ende ihres gegenwärtigen Weltzeitalters verstanden, mit dem sich allerdings die Conquista darin traf, daß auch sie zum Untergang der eigenständigen aztekischen Lebenswelt beitrug.[6]

Ein Hinweis auf das Ende indianischer Eigenständigkeit ist auch aus dem Bereich der *Maya* überliefert, freilich nicht in Gestalt ausdeutbarer Vorzeichen, sondern als direkte prophetische Verkündigung. Diego de Landa, der erste Bischof Yucatáns, dem wir wertvolle Nachrichten über die Maya dieses Gebietes verdanken, berichtet von einem priesterlichen Propheten, der kurz vor der Eroberung des Landes öffentlich verkündigte, sein Volk werde demnächst von Fremden unterworfen werden, die

[6] August Freiherr von Gall, Weltende und seine Vorzeichen im Glauben der alten Azteken, in: Nachrichten der Gießener Hochschulgesellschaft 7/2 (1929), S. 34–45.

ihnen einen neuen Glauben an nur einen einzigen Gott verkünden würden.[7]

In den Berichten über den Untergang des *Inka*-Reiches verbinden sich übernatürliche Ereignisse unmittelbar mit profanhistorischen Fakten. Von Huayna Capac, dem letzten unangefochtenen Herrscher des Reiches, wird berichtet, daß ihm vor seinem Ende ein schwarzgekleideter Bote des Schöpfergottes erschienen sei, der ihm ein Kästchen überreicht habe. Als Huayna Capac den Deckel hob, schwirrten ihm Nachtfalter und Motten entgegen. Diese hätten die tödliche Seuche verbreitet, die das Heer des Inka heimsuchte und der Huayna Capac selbst erlag – fünf Jahre, bevor sein Reich unterging.[8]

Die Conquista

Das erste Datum, das aus der Geschichte der aztekischen, der Maya- und der Inka-Religion in Europa bekannt wurde, war das Datum ihres Todes, ihres Untergangs im Gefolge der spanischen Conquista, der Entdeckung und Eroberung der Neuen Welt. Man muß, um diese Conquista in ihren ursprünglichen und niemals vergessenen Motiven recht zu verstehen, relativ weit zurückgehen in der Geschichte, um dann zu erkennen, daß die Eroberer der Neuen Welt in einer langen religiösen und religionspolitischen Tradition standen, der sie verpflichtet waren bei ihrer Auseinandersetzung mit den altamerikanischen Religionen.

Das Jahr 711 n. Chr. war der entscheidende historische Einsatzpunkt. Damals waren die afrikanischen Gegenküsten der Iberischen Halbinsel bereits fest in islamischer Hand, und nun sammelte Tāriq, der islamische Feldherr berberischer Herkunft, sein Heer zum Angriff auf Spanien bei jenem Felsen, der bis heute seinen Namen trägt: Dschebel al-Tāriq, „Berg des Tāriq", Gibraltar. Unter dem Ansturm der islamischen Eroberer zerfiel bereits im Jahre 711 das spanische Westgotenreich, dessen König Roderich im Kampf gefallen war.

Es war der sehr förderliche Gedanke des belgischen Historikers Henri Pirenne, den Beginn des Mittelalters nicht in die Völkerwanderungszeit zu verlegen, sondern im Zusammenhang zu sehen mit dieser Ausbreitung des Islam, der damit die seit dem Ende der Punischen Kriege bestehende

[7] Alfred M. Tozzer, Landa's Relación de las Cosas de Yucatan, Cambridge, Mass. 1941, S. 42f.

[8] Hans D. Disselhoff, Das Imperium der Inka, München 1978, S. 139f.; Ders., Geschichte der altamerikanischen Kulturen, München 1953, S. 318.

Ökumene des Mittelmeerraumes auflöste und nicht nur im Süden und Osten dieses Bereiches, sondern auch im Westen, wo er den größten Teil der Iberischen Halbinsel gewann, einen Sperriegel legte vor den Zugang des Abendlandes zur außereuropäischen Welt.[9]

Dieser Sperriegel wurde von der Iberischen Halbinsel aus durchbrochen. Ausgehend von den fränkischen Marken auf spanischem Boden, die zuerst Karl der Große in Kämpfen gefestigt hatte, von denen das ›Rolandslied‹ zeugt, wuchs allmählich die Bewegung zur Wiedereroberung Spaniens durch das Christentum, die Reconquista, deren Kämpfer dem Schutz von Jakobus dem Älteren vertrauten. Ein Ritterorden des hl. Jakobus von Compostela wurde 1161 in León mit dem Ziel gegründet, die islamischen Mauren zu vertreiben und die christliche Einheit des Landes zu verwirklichen. Dies gelang endgültig, als 1492 Granada fiel, das letzte muslimische Bollwerk auf spanischem Boden.[10]

Noch vor dem Fall von Granada hatte der portugiesische Prinz Heinrich (1394–1460), dem die Geschichte den Beinamen „der Seefahrer“ gegeben hat, den Geist der Epoche, die Idee des Kampfes gegen die Ungläubigen, in neue Bahnen gelenkt, indem er fernere Ziele steckte. Der Kampf sollte außerhalb Portugals fortgeführt werden und damit die Reconquista übergehen in die Conquista, die europäische Eroberung und Missionierung der nichtchristlichen Welt.[11]

Als Heinrich der Seefahrer – Henrique o Navegador – auf das Weltmeer und zu fernen Küsten wies, war er von Kreuzzugsgedanken beherrscht, für die der Schlachtenausgang dem Erweis der Glaubenswahrheit dienen sollte. Und hinzu kam die Idee vom Orbis christianus, die auf den Florentiner Erzbischof Antonin (1389–1459) zurückzuführen ist,[12] die Idee vom christlichen Erdkreis und der christlichen Universalmonarchie, die in zunehmendem Maße von jenem Spanien vertreten wurde, in dessen Diensten die Conquistadoren standen.

Diese Conquistadoren waren keineswegs Idealgestalten, Heilige schon gar nicht, als sie, an die Spitze roher Abenteurerhaufen gestellt, mit dem missionarischen Auftrag, durch den sie ihr Vorgehen stets legiti-

[9] Henri Pirenne, Mahomet und Karl der Große. Untergang der Antike und Aufstieg des germanischen Mittelalters, Frankfurt a. M.–Hamburg 1963.

[10] Derek W. Lomax, The Reconquest of Spain, London 1978; dt.: Die Reconquista. Die Wiedereroberung Spaniens durch das Christentum, München 1980.

[11] Alexander Bom, Hinaus über das Ende der Welt. Heinrich der Seefahrer, München 1980.

[12] Joseph Höffner, Kolonialismus und Evangelium. Spanische Kolonialethik im Goldenen Zeitalter, Trier ^{3}1972, S. 9f.

miert erachteten, den Gewinn von Macht und Besitz, von Gold vor allem, verbanden. Doch stand ihr Handeln unter einem tragischen Widerspruch; es war, wie es Reinhold Schneider ausgedrückt hat, „der Widerspruch zwischen dem christlichen Auftrag und der über Nacht emporgeschossenen Macht, die sich doch stets wieder auf diesen Auftrag berief und berufen mußte ...“[13].

Fernando Cortés, zweifellos der hervorragendste unter den Conquistadoren, hatte diesen Widerspruch erkannt, und sein kriegerisches Vorgehen wie auch sein nicht immer ehrenvolles diplomatisches Verhalten erfüllte ihn mit schweren Skrupeln, spätestens, wie sein Testament bezeugt, kurz vor seinem Tod, der ihn als vereinsamten Mann am 2. Dezember 1547 ereilte.

Cortés, der am 18. Februar 1519 von Kuba aus aufgebrochen war, landete an der mexikanischen Ostküste, an jener Stelle, die den Namen Veracruz erhielt. Als „Generalkapitän“ – Capitán general – führte er die Schar seiner 550 spanischen Fußsoldaten und 15 Reiter ins Machtzentrum der Azteken, nach Mexiko-Tenochtitlán, das er nach wechselvollen Kämpfen 1521 endgültig eroberte und damit die spanische Kolonie Nueva España begründete.

Ebenso schnell und mit vergleichbar wenigen Soldaten gelang die Eroberung des *Inka*-Reiches. Francisco Pizarro begann sie 1532 mit 177 Mann Infanterie und 67 Reitern und beschloß sie bereits nach zwei Jahren.

Nur auf der Halbinsel Yucatán leisteten die *Maya* anhaltenden Widerstand. Von 1527 bis 1546 kämpften Francisco de Montejo, zunächst der Vater und dann sein Sohn, um die spanische Vorherrschaft. Der Maya-Stamm der Itzá behauptete sogar bis 1697 die Unabhängigkeit seines Königreiches.[14]

[13] Reinhold Schneider, Macht und Gnade, Wiesbaden 1946; zitiert nach der Taschenbuchausgabe München–Zürich 1964, S. 144.

[14] Zur Conquista vgl. u. a. Adolf Rein, Die europäische Ausbreitung über die Erde, Potsdam 1931, S. 91 ff. – Fritz Valjavec (Hrsg.), Die überseeische Welt und ihre Erschließung (= Historia Mundi, Bd. 8), Bern–München 1959, S. 279 ff. – William Prescott, Die Eroberung von Mexiko, Berlin 1956 (1. Aufl. 1845). – Ders., Die Eroberung von Peru, München 1986 (1. Aufl. 1948). – Richard Konetzke, Die Indianerkulturen Altamerikas und die spanisch-portugiesische Kolonialherrschaft, Frankfurt a. M. 1965. – Ders., Entdecker und Eroberer Amerikas, Frankfurt a. M.–Hamburg 1963. – Jean Descola, Gold, Seelen, Königreiche. Die Geschichte der spanischen Eroberer, Stuttgart 1959. – John Henning, The Conquest of the Incas, London 1970. – Zu Recht berühmt ist der faszinierende Roman von Eduard Stucken, Die weißen Götter, Taschenbuchausgabe Hamburg 1961;

Besonders überraschend war vor allem im mexikanischen und inkaischen Bereich der äußerst rasche Erfolg der Conquistadoren mit ihrer gegenüber der Zahl indianischer Kämpfer erstaunlich kleinen Soldateska. Voraussetzungen sowohl auf indianischer als auch auf spanischer Seite hatten zu diesem Erfolg geführt.

Das Inka-Reich war geschwächt durch den tragischen Zwist der um die Herrschaft rivalisierenden Brüder Huascar und Atahualpa, von denen der erstere sich auf die einflußreiche Priesterschaft von Cuzco stützte, der andere auf die bewährten Heerführer seines Vaters.

Unheilvolle Vorzeichen kamen hinzu. Bei den *Azteken* verbanden sie sich mit der zunächst irrtümlich auf Cortés bezogenen Erwartung einer Rückkehr Quetzalcoatls, des vergöttlichten Idealherrschers aus toltekischer Zeit.

Auf spanischer Seite kam zur Überlegenheit ihrer Waffen als ein für die Indianer gänzlich fremdes und erschreckendes Moment der berittene Kämpfer. Nicht nur er war ihnen unbekannt, sondern auch das Pferd, für das sie überhaupt kein Wort besaßen. Die Azteken nannten es zunächst „Hirsch" *(maçatl)* und übernahmen erst später als Fremdwort das spanische *caballo*.

Der Erfolg der Conquista führte auf indianischer Seite zunächst zu einer tiefen Erschütterung. Wie immer, so sind wir auch hier am besten informiert über die *aztekische Situation*.

Als Motecuçoma II., der aztekische Herrscher, über den die Conquista hereinbrach, die Unbeugsamkeit des spanischen Willens erkannte, brach er in Worte aus, die eine erschütternde Tragik, vielleicht auch eine tragische Größe erkennen lassen[15]:

> Was wird auf uns kommen?
> Wer steht wirklich aufrecht? Einst war ich es.
> Zu Tode gequält ist mein Herz,
> wie mit Pfefferwasser begossen.
> Es schmerzt, es brennt.
> Wohin fürwahr, o Herr?
>
> Was sollen wir tun, o meine Kinder?
> Wir sind dahin.
> Wir haben das Gift geschluckt.

---

eine Darstellung der Eroberung Mexikos mit einer nahezu hellsichtigen Schilderung der indianischen Situation.

[15] G. Lanczkowski, Früh-welkende Blumen. Aztekische Gesänge, ausgewählt, übersetzt und eingeleitet, Freiburg i. Br. 1983, S. 67.

Sollen wir etwa auf irgendeinen Berg steigen?
Sollen wir etwa fliehen?
Wir sind Mexikaner;
soll denn wirklich das Mexikanertum besudelt werden?

Im Rückblick auf die spanische Eroberung beklagt einer der schwermütigen aztekischen Gesänge den erfolglosen Kampf und den Verlust der indianischen Eigenständigkeit mit folgenden Worten[16]:

Das alles geschah uns:
Wir sehen es, wir erschrecken darüber.
Wir sind in Trauer und Tränen.
Darum sind wir ermattet.

Auf den Wegen liegen noch zerbrochene Speere
und verblaßte Haare.
Die Dächer der Häuser sind abgedeckt,
die Mauern blutrot.

Und was wir hochschätzten,
was uns wertvoll war,
die Jungmannschaft, die Jungfrauen,
die Priester, die Fürsten,
alle sind sie zu Hörigen geworden.

Jedoch nicht nur als profanhistorisches Ereignis ist die Eroberung Mexikos aus indianischer Sicht eingeschätzt worden. Die Azteken haben vielmehr die Conquista, die ja tatsächlich religiösen Motiven entsprang und in ihnen ihre Rechtfertigung erblickte, als ein religionsgeschichtliches Ereignis erkannt, das sie in ihrer Trauer verbanden mit einer Anklage gegen ihren Hochgott Ipalnemoa („Durch den man lebt"). Das geht hervor aus dem folgenden Lied, das mehrfach, stellvertretend für Mexiko, Bezug nimmt auf den Stadtteil Tlatelolco[17]:

Nur Blumen der Trauer, Lieder des Leides gibt es hier in Mexiko, in Tlatelolco; ja, für immer erkennt man dies dort.

Verborgen ist das Gute, das du uns einst schenktest, Ipalnemoa. Werden wir nun hier zugrunde gehen, wir deine Untertanen?

O wir Unglücklichen! Nur Elend ist uns Untertanen bestimmt. Blutiges Leid haben wir an vertrauter Stelle gesehen.

Wir verwelken, wir sind verbittert. Über deine Untertanen in Tlatelolco legt sich das Leid, das Leid an vertrauter Stelle. Deshalb sind wir müde, verlassen sind wir, o Ipalnemoa.

Wahrhaftig, aus der Stadt im Schilfrohr, aus Mexiko stieg der Rauch auf; wie dichter Nebel ist er ausgebreitet. Das ist deine Tat, Ipalnemoa.

[16] A.a.O. (Anm. 14), S. 71.
[17] A.a.O., S. 68.

Ihr Mexikaner, bedenkt es: Gerade auf uns sendet er, der Gott, Pein und Furcht herab.

Ihr unsere Freunde, weinet und denket daran, daß wir das Reich Mexiko verloren haben. Der Trank ist bitter geworden und auch die Speise ist bitter geworden.

Ja, das hat Ipalnemoa in Tlatelolco getan.

Jedoch nicht nur eine Anklage gegen ihren Hochgott kennzeichnete in ihren Anfängen die indianische Reaktion. Sie steigerte sich vielmehr in ihrer Hoffnungslosigkeit bis zum Bekenntnis des Todes ihrer Götter. In einem Religionsgespräch, das franziskanische Missionare anregten, gelangten aztekische Priester und Fürsten zu der für sie tief tragischen Einsicht[18]: „*tel ca teteo in omique* – sind doch die Götter auch gestorben".

Die Begegnung des Christentums mit den Religionen der Azteken, Maya und Inka

Die religionsgeschichtliche und mit ihr die entscheidende und bleibende Bedeutung für die Neue Welt dürfte aus dem Vorhergehenden bereits erkennbar sein. Der geschichtliche Ablauf dieser Begegnung des Christentums mit den Religionen der Azteken, Maya und Inka verlief gleichermaßen nach einem sehr einfachen Schema. Auf eine recht kurze Periode, die durch den Willen zur Zerstörung alles Heidnischen geprägt war, folgte bald ein tieferes, verständnisvolles Eingehen auf indianische Traditionen und damit zugleich der Erfolg der christlichen Mission. Während die kriegerischen Conquistadoren zerstörend gewirkt hatten, waren es Ordensleute, die diese Wende veranlaßten. Die Franziskaner waren der erste Orden, der seit 1524 missionarisch wirkte. 1526 folgten die Dominikaner, 1533 die Augustiner. Auf Wunsch Philipps II. kamen seit 1572 auch Jesuiten nach Amerika.

Für das Schema des historischen Ablaufs dieser religionsgeschichtlichen Begegnungen ist die *mexikanische Situation* exemplarisch; sie ist es auch, die weitaus am besten überliefert ist.[19]

[18] Walter Lehmann, Sterbende Götter und christliche Heilsbotschaft. Wechselreden indianischer Vornehmer und spanischer Glaubensapostel in Mexiko 1524, Stuttgart 1949, S. 102. – Vgl. Hans Wißmann, Sind doch die Götter auch gestorben. Das Religionsgespräch der Franziskaner mit den Azteken von 1524, Gütersloh 1981.

[19] Vgl. G. Lanczkowski, Die Begegnung des Christentums mit der aztekischen Religion, in: Numen 5 (1958), S. 58–81.

Nach ihr beginnt die religionsgeschichtlich bedeutsame Auseinandersetzung mit dem Verhalten des Cortés gegenüber den einheimischen Göttern und ihren Kulten. Cortés selbst hat hierüber am 30. Oktober 1520 im zweiten seiner äußerst umfangreichen Briefe an Kaiser Karl V. berichtet[20]: „Vom Hauptsaale der Tempel gelangt man durch enge Türen in kleine Kapellen, wo kleinere Götzenbilder standen. Diese Räume waren alle voller Menschenblut, das bei den Opfern vergossen worden war. Ich ließ sie reinigen, warf die Götzen allesamt die Treppe hinunter und hing in den Kapellen die Bilder unserer lieben Madonna und anderer Heiligen auf, was Herrn Montezuma und die Edelleute der Temixtitaner arg verdroß.[21] Anfänglich baten sie mich, ich solle dies nicht tun; denn wenn das Volk solches erführe, so könne leicht ein Aufstand entstehen. Die Mexikaner glauben nämlich, wenn man die Standbilder ihrer Götter schlecht behandelt, so rächen sich die Götter, indem sie die Feldfrüchte verderben lassen, so daß alle Menschen des Hungers sterben müssen. Ich stellte ihnen durch den Dolmetsch vor, wie sinnlos es ist, wenn man seine Hoffnung auf Götzenbilder setzt, die man mit eigener Hand aus irdischem Stoff gefertigt hat. Es gäbe nur einen Gott, den Herrn von Himmel und Erde, den Erschaffer aller sichtbaren und unsichtbaren Dinge. Dieser Gott sei ohne Anfang und ohne Ende. Ihn müsse man anbeten, sonst aber kein anderes Geschöpf und kein anderes Ding. Dies und anderes ließ ich ihnen sagen, um sie von ihrem Götzendienst abwendig zu machen und sie für die Erkenntnis des alleinigen und allmächtigen Gottes zu gewinnen.

Herr Montezuma gab mir darauf zur Antwort, er hätte mir bereits erzählt, daß er und seine Untertanen ihren Ursprung außer Landes hätten und daß ihre Voreltern vor langer Zeit eingewandert wären. Es sei wohl möglich, daß sich allmählich Irrtümer in ihren Glauben eingeschlichen hätten. Ich aber, der ich erst neulich hergekommen wäre, ich kenne vielleicht besser als sie die Dinge des wahren Glaubens. Also solle ich ihnen diesen verkünden und verständlich machen. Sie wären bereit, alles zu tun, was ich sie Besseres lehre.

Als ich nunmehr alle Götzenbilder hinaustat und unsere Heiligenbilder aufhängen ließ, in Gegenwart des Herrn Montezuma und vieler

[20] Ferdinand Cortes, Die Eroberung von Mexiko, hrsg. von Arthur Schurig, Leipzig 1918, S. 144f.

[21] Montezuma war die für die Spanier leichter aussprechbare Form des aztekischen Namens Motecuçoma, des damaligen Herrschers von Mexiko. – Temixtitaner = Mexikaner; benannt nach Tenochtitlán, dem zweiten Namen der Stadt Mexiko.

Edelleute der Hauptstadt, da waren sie alle damit wohlzufrieden. Zudem gebot ich ihnen ernstlich, ihren Götzen keine kleinen Kinder mehr zu opfern, wie dies bisher Brauch gewesen, denn dies mißfiele dem Gott der Christen aufs höchste. Und Eure Kaiserliche Majestät habe solches durch ein strenges Gesetz verboten. Wer einen Menschen töte, der solle auch getötet werden. Von Stund an haben die Mexikaner diesen Brauch gelassen, und solange ich in der Hauptstadt weilte, hat man nicht mehr gesehen, daß Kinder geschlachtet und den Götzen geopfert sind."

Dieser einseitige Bericht muß selbstverständlich kritisch überprüft und seiner tendenziösen Übertreibung hinsichtlich des Erfolgs dieser Missionsmethode entkleidet werden. Die wohl absichtliche Hervorhebung der rituellen Tötung kleiner Kinder vermittelt ein unzutreffendes Bild. Sie war keine typische Form der sakralen Tötung; allein dem Regengott Tlaloc sind mit Vorliebe Kinder dargebracht worden, deren Tränen dann in Analogie zu den Tropfen des erhofften Regens gesehen wurden.

Auch der behauptete schnelle Umschwung in der Geisteshaltung der Azteken, insbesondere des Motecuçoma, mit einer allzu eilig angenommenen positiven Stellung zur Polemik des Cortés gegen die aztekische Religion und zur Verkündigung des christlichen Glaubens ist Tendenz. Denn tatsächlich ist Motecuçoma trotz politischer Zugeständnisse an die Spanier auch nach seiner Gefangennahme nicht zum Christentum übergetreten.

Historisch zuverlässig erscheint jedoch die Antwort Motecuçomas II., der Irrtümer seiner Religion auf seine und seiner Untertanen Entfernung von ihrem Ursprung zurückführt. Diese Vorstellung, die sich im aztekischen Bereich mehrfach nachweisen läßt, meint offensichtlich nicht oder nicht nur den zeitlichen, sondern vornehmlich den räumlichen Abstand, die Entfernung vom Ursprungsort als Ursache für religiöse Entstellungen.

Ganz typisch ist die Ablösung heidnischer Göttergestalten durch christliche Heiligenbilder, wie sie Cortés innerhalb der aztekischen Tempel vornimmt. Sie solle den Sieg des Christentums zum Ausdruck bringen, aber sie knüpft zugleich an an die sakrale Mächtigkeit der vorgefundenen heidnischen Stätte. Charakteristisch für diesen in der Missionsgeschichte häufig zu beobachtenden Vorgang ist im mexikanischen Bereich vor allem die Pyramide von Cholula, die an Volumen größte der Welt, die seit dem 18. Jahrhundert von der Kirche der Nuestra Señora de los Remedios gekrönt wird. Und im inkaischen Cuzco wurde auf der zentralen Kultstätte des Reiches, dem „Goldhof" *(Coricancha)* und seinem angrenzenden Sonnentempel, ein Dominikanerkloster errichtet.

Die religionsgeschichtliche Bedeutung der ersten Begegnung zwischen

Abb. 2: Begegnung zwischen Motecuçoma II. und Cortés.

Cortés und Motecuçoma II. erschöpfte sich nicht in der Polemik des Cortés gegen die aztekischen Götter und ihre blutigen Kulte. Hinzu trat der im aztekischen Volk fest verwurzelte Glaube an eine Rückkehr des vergöttlichten Toltekemherrschers Quetzalcoatl und die Bezugnahme dieser alten Prophetie auf Cortés, der es sorgsam vermied, die prospanische Interpretation dieser seine Bestrebungen fördernden Vorstellungen heidnischer Mythologie zu widerlegen.

Zuverlässig wird berichtet, was Motecuçoma dachte und tat, als er von der Landung der Spanier erfuhr[22]:

> Als er es hörte, sendete er sofort Boten ab,
> indem er gewissermaßen so dachte:
> Es ist unser Fürst Quetzalcoatl, der gekommen ist.
> Denn so war sein Wille gewesen,
> daß er wieder kommen wird, daß er herkommt,
> seinen Thron wieder einnehmen wird ...

Die gleiche Konzeption tritt dann auch bei der Begrüßungsrede Motecuçomas anläßlich des ersten Empfanges des Cortés zutage[23]:

[22] Sahagún-Seler, S. 460.

[23] Sahagún-Seler, S. 491 f.

Darauf richtet sich (Motecuçoma) auf,
stellt sich ihm (dem Cortés) gegenüber auf,
neigt sich vor ihm zur Erde,
geht ganz dicht an ihn heran,
stellt sich fest vor ihn hin,
hält ihm die folgende Rede:
O unser Herr! Mit Mühsal, mit
  Ermüdung hast du es erlangt,
daß du (hier) in dem Lande angekommen bist,
daß du nahe an deine Stadt Mexiko herangekommen bist,
daß du auf deiner Matte, deinem Stuhle[24]
  zu sitzen gekommen bist,
den ich nur eine kleine Weile für dich
  gehütet habe.
Denn hingegangen sind deine Untertanen:
die Könige Itzcoatl, der alte Motecuçoma,
  Axayacatl, Tizocic, Ahuitzotl,
die nur eine kleine Weile (den Stuhl)
  für dich gehütet haben,
die Stadt Mexiko beherrscht haben,
unter deren Schutz sich dein Volk gestellt hat ...
Möchte doch einer von ihnen sehen, staunend sehen,
was jetzt über mich gekommen ist,
was ich nunmehr sehe,
(ich) der Hinterbliebene unserer Herren;
denn ich träume nicht,
ich fahre nicht aus dem Schlafe auf,
ich sehe es nicht im Traume,
ich träume es nicht,
daß ich dich gesehen,
dir ins Antlitz geschaut habe.
Denn ich war bekümmert fünf, zehn
  (eine ganze Reihe von Tagen),
wo ich hinschaute nach dem unbekannten Lande,
aus dem du gekommen bist,
aus den Wolken heraus, aus den Nebeln heraus.
Denn das haben die Könige (meine
  Vorfahren) gesagt,
daß du kommen wirst, deine Stadt zu besuchen,
daß du dich auf deine Matte, deinen Stuhl
  setzen wirst,
daß du wiederkommen wirst.

[24] „Matte und Stuhl" = Umschreibung für Thronsitz.

Und jetzt ist es wahr geworden,
du bist zurückgekehrt.
Mit Mühsal, mit Ermüdung hast du es erreicht.
Sei nun angelangt im Lande,
ruhe deinen Leib aus,
unsere Herren seien angelangt im Lande
(in ihrer Heimat).

Der tragische Irrtum Motecuçomas, der wesentlich zum raschen Erfolg der Conquista beigetragen hat, ist zwar bald, aber doch zu spät von den Azteken eingesehen worden. Daß sie frühzeitig eine skeptische Haltung einnahmen, bezeugt der aztekische Historiker Chimalpahin, der Nachkomme eines mexikanischen Fürstenhauses[25]: „Als sie (die Mexikaner) sie (die Spanier) gut und recht empfingen, bei ihrer ersten Ankunft, ihrem Eintritt in Mexiko-Tenochtitlán, waren die Mexikaner im Zweifel darüber, ob er, der Kapitän Fernando Cortés, ob (in ihm) Quetzalcoatl angekommen wäre."

Auf Cortés und seine Soldaten folgten als erste wirkliche Missionare die berühmten «doze frayles», die zwölf Brüder aus dem Orden der Franziskaner, die unter Führung ihres Missionshauptes Martin von Valencia am 13. Mai 1524 das Land betraten.[26] Dort wagten sie, bereits im gleichen Jahr und damit zu einer Zeit, in der Europa von einer *phobie de l'hérésie* erschüttert wurde, mit Hilfe von Dolmetschern eine religiöse Diskussion mit aztekischen Priestern und Adligen zu führen, die von ihnen in einem bewußt irenischen Geist gehalten und von der missionarischen Methode der Akkommodation geprägt wurde.

Erst in den zwanziger Jahren unseres Jahrhunderts wurde im Geheimarchiv des Vatikans der Text dieses franziskanisch-aztekischen Religionsgesprächs entdeckt, die ›Colloquios y doctrina christiana‹, die Pater Sahagún im Jahre 1564 eigenhändig aufgezeichnet hatte.[27]

In jüngster Zeit sind Zweifel an der Authentizität dieses Textes geäußert worden mit der Behauptung[28]: „Der in aztekischer Sprache abge-

[25] Walter Lehmann und Gerdt Kutscher, Das Memorial breve acerca de la fundación de la ciudad de Culhuacan, Stuttgart 1958, S. 12.

[26] Robert Ricard, La «conquête spirituelle» du Mexique, Paris 1933, S. 32f. – Vgl. Joh. Schmidlin, Die Christianisierung Mexikos, in: Zeitschrift für Missionswissenschaft 14 (1924), S. 145–160.

[27] Siehe Anm. 17.

[28] Birgit Scharlau und Mark Münzel, Quellquay. Mündliche Kultur und Schrifttradition bei Indianern Lateinamerikas, Frankfurt a. M.–New York 1986, S. 33.

faßte ... Text ist jedoch nicht als Dokument einheimischer Rede zu begreifen, sondern als speziell bearbeitete und somit europäisierte Erbauungsliteratur." Der hiermit geäußerten Vermutung widerspricht einmal die Tatsache, daß der aztekische Standpunkt in völliger Offenheit referiert wird. Zum anderen wäre es, sollte es sich um „europäisierte Erbauungsliteratur" handeln, ganz verständlich, daß diese in Europa jahrhundertelang verborgen gehalten wurde. Somit ist an der Historizität des Gesprächs und an der Treue seiner Wiedergabe nicht zu zweifeln.

Zerstörung und Bewahrung

Erst aufgrund der voranstehenden Ausführungen ist die Quellenlage zur religionsgeschichtlichen Erforschung vollauf deutlich. Sie entspricht genau dem Schema der Begegnung des Christentums mit den Religionen Altamerikas. Auf eine erste Periode der Zerstörung einheimischer Überlieferung folgt sehr bald das Bestreben, eine Literatur zu schaffen, die der Bewahrung indianischer Traditionen gilt.

Dieser Wandel ist nicht die Folge eines Generationswechsels gewesen. Dafür hat er sich zu kurz nach der Eroberung vollzogen, und er betraf sogar gelegentlich ein und dieselbe Person. Dies trifft vor allem für Diego de Landa zu, den zweiten Bischof Yucatáns. Er hatte im Jahre 1562 systematisch Handschriften der *Maya* zerstören lassen, schrieb aber selbst bereits 1566 seine berühmte ›Relación de las cosas de Yucatán‹, die zu einer der wichtigsten Quellen für die Religion der Maya geworden ist.[29]

In *Mexiko* sind aus vorspanischer Zeit nur wenige Codices erhalten geblieben, die einer Vernichtungsaktion entgangen waren, deren sich Juan de Zumárraga, der erste Erzbischof des Landes, in einem 1531 an das in Toulouse tagende Ordenskapitel der Franziskaner rühmte.

Einige der erhalten gebliebenen Handschriften entstammen dem den Azteken benachbarten Gebiet der Mixteken. Aztekischer Herkunft sind vor allem der ›Codex Borbonicus‹ der Pariser Nationalbibliothek und der heute in der Vatikanischen Bibliothek in Rom stehende ›Codex Borgia‹.[30] Bereits in der Kolonialzeit entstand der ›Codex Mendoza‹, dessen Niederschrift Antonio de Mendoza, der erste Vizekönig Mexikos (1535–1550), angeregt hatte. Er befindet sich heute in der Bodleian Library in Oxford.[31]

[29] Vgl. Anm. 7.

[30] Walter Krickeberg, Altmexikanische Kulturen, Berlin 1956, S. 270f.

[31] Kurt Ross, Codex Mendoza. Aztekische Handschrift, Fribourg 1978.

Die alten Codices sind Faltbücher, die in vorspanischer Zeit fast ausschließlich aus Hirschleder gefertigt wurden. Nur vereinzelt diente hierzu ein Papier, das aus der Rinde eines Feigenbaumes *(ficus glabrata)* hergestellt wurde.

Die Darstellungen der Codices sind gekennzeichnet durch szenische Bildfolgen, durch Erzählbilder, wie sie im europäischen Bereich charakteristisch sind für die mittelalterliche „Biblia pauperum" und, auf dem Gebiet profaner Historienmalerei, für den berühmten Teppich von Bayeux mit seiner Schilderung der Vorbereitungen des Englandzuges und des Sieges Herzog Wilhelms von der Normandie über König Harald. Vergleichbar ist auch das neuzeitliche Erzählbild bei Wilhelm Busch und in den Comic strips.[32]

Den altmexikanischen Erzählbildern waren piktographische Deutezeichen beigegeben, die man im allgemeinen als „Hieroglyphen" bezeichnet. Im Unterschied zur altägyptischen Schrift handelte es sich jedoch nicht um ein voll ausgebildetes hieroglyphisches System. Die altmexikanische Schrift befand sich erst auf dem Wege zu einer derartigen Perfektion, und sie läßt nur erste Ansätze zu einer phonetischen Schreibung erkennen. Ihre „Lesung" stellte daher bis zu einem gewissen Grad eine Interpretation dar.

Deshalb bildet das Riesenwerk des spanischen Franziskaner-Paters Bernardino de Sahagún die wichtigste Quelle für mexikanische Forschungen.[33] Sahagún, der 1529 nach Mexiko kam und das Land bis zu seinem Tod im Jahre 1590 nicht wieder verließ, hatte der Überzeugung gelebt, daß der Missionsarbeit christlicher Glaubensboten nur dann ein wirklicher Erfolg beschieden sein könne, wenn sie profunde Kenntnisse heidnischen Wesens, indianischer Geschichte und Kultur besäßen. Er betrachtete es als seine Lebensaufgabe, dieses Wissen literarisch zu bewahren.

Dazu bot sich ihm eine begrüßenswert günstige Gelegenheit im Colegio Imperial de Santa Cruz de Tlatelolco, der von Kaiser Karl V. auf Bitten des Vizekönigs Sebastián Ramírez de Fuenleal gestifteten und 1536 von Erzbischof Zumárraga in der mexikanischen Vorstadt Tlatelolco eröffneten Schule, in der junge aztekische Adlige zu katholischen Priestern ausgebildet werden sollten. Sahagún wirkte dort als Lehrer des Lateinischen, benutzte aber den Kontakt mit seinen Schülern auch zur

[32] Vgl. G. Lanczkowski, Aztekische Sprache und Überlieferung, Berlin–Heidelberg–New York 1970, S. 90f.

[33] Sahagún-Seler. – C. E. Dibble und A. J. O. Anderson, Florentine Codex (= Sahagún). Nahuatl Text with Translations, Santa Fé, New Mexico 1950–1955.

Sammlung aztekischer Überlieferungen, die er im *Nahuatl*, wie die einheimische Bezeichnung der aztekischen Sprache lautete, jedoch mit dem lateinischen Alphabet niederschreiben ließ. Somit entstand die umfangreichste und vorrangige Quelle für die Kenntnis des Aztekentums.

Hinzu kamen die ebenfalls im Nahuatl verfaßten Werke aztekischer Autoren, des Tezozomoc, Ixtlilxochitl und Chimalpahin, der Nachkommen der Herrscher von Mexiko, Tetzcoco und dem südlich von Mexiko gelegenen Chalco. Die von ihnen erstellten Chroniken ihrer Familien und Städte enthalten eine Fülle wertvollen religionsgeschichtlichen Materials. Überliefert sind außerdem die Geschichtswerke anonymer Autoren sowie eine umfangreiche Sammlung aztekischer Poesie.

Dies bedeutet, daß unter den altamerikanischen Kulturen der aztekische Bereich weitaus am besten belegt ist und daß sich diese Quellenzeugnisse hinsichtlich sowohl ihres Umfanges als auch ihres inhaltlichen Reichtums durchaus messen können mit den Überlieferungen anderer untergegangener Kulturen und Religionen.[34]

Die Quellenlage zur Religion der *Maya* ist der aztekischen durchaus vergleichbar. Auch hier muß unterschieden werden zwischen Texten, die in spanischer Zeit entstanden sind und den erhalten gebliebenen alten Überlieferungen. Allerdings kommt für diese hinzu, daß die Maya-Hieroglyphen im Unterschied zu den mexikanischen nicht restlos deutlich sind, und daß die häufig unternommenen Entzifferungsversuche bislang niemals eine einhellige Zustimmung erfahren haben.[35]

Auf unbekannten Wegen sind aus dem yukatekischen Gebiet der Maya drei alte Handschriften nach Dresden, Paris und Madrid gelangt, deren Inhalte zumindest im wesentlichen bekannt sind. Der ›Codex Dresdensis‹ enthält vorwiegend astronomische Angaben, der Pariser ›Codex Peresianus‹ kalendarisch festgelegte rituelle Vorschriften, und der in Madrid befindliche ›Codex Tro-Cortesianus‹ ist ein Wahrsagebuch.[36]

[34] Vgl. Miguel León-Portilla, Pre-Columbian Literatures of Mexico, University of Oklahoma Press, Norman 1969.

[35] Das gilt aus neuerer Zeit sowohl für das von Juri Knorozow angeregte elektronische Entzifferungsverfahren als auch für den Versuch, mit Hilfe chinesischer Vergleiche den Pariser Codex als „Totenbuch der Maya" zu deuten; vgl. hierzu Paul Arnold, Das Totenbuch der Maya, Bern 1980.

[36] Codex Dresden: Die Maya-Handschrift der Königlichen Bibliothek zu Dresden. Hrsg. von E. Förstemann, 2. Aufl. Leipzig 1892. – Codex Paris: Codex Peresianus, manuscrit hiératique des anciens Indians de l'Amérique Centrale conservé à la Bibliothèque Nationale de Paris, avec une introduction par Léon de Rosny, Paris 1887. – Codex Madrid: Códice maya denominado Cortesiano que se conserva en el Museo Arqueológico Nacional, Madrid 1882.

In spanischer Zeit sind die Relationen des Bischofs Diego de Landa in ähnlicher Weise entstanden wie die Aufzeichnungen Sahagúns; auch Landas Berichte beruhen weitgehend auf Befragungen indianischer Adliger.[37]

Wie junge Azteken Überlieferungen ihres Volkes in einheimischer Sprache, aber mit lateinischer Schrift aufgezeichnet haben, so sind auch im Maya-Gebiet wertvolle Quellentexte entstanden. Aus dem yukatekischen Bereich sind es die vornehmlich prophetischen Texte, die unter der Sammelbezeichnung des „Wahrsagepriesters", des Chilam Balam, bekannt sind und untereinander nach ihren jeweiligen Herkunftsorten unterschieden werden.[38]

Nicht aus Yukatán, sondern aus dem Hochland von Guatemala ist das heilige Buch des Quiché-Stammes der Maya überliefert, das ›Popol Vuh‹, das ›Buch des Rates‹, mit dessen Niederschrift zwischen 1554 und 1558 ein Indianer die alten mythischen und geschichtlichen Traditionen seines Volkes bewahrt hat.[39]

Zu den quichéischen Überlieferungen aus vorspanischer Zeit gehört auch der ›Rabinal Achi‹, ›Der Mann von Rabinal‹, eines der wenigen aus altindianischer Zeit erhaltenen Theaterstücke, das der um die Altamerikanistik hochverdiente Abbé Brasseur de Bourbourg zuerst im Anhang zu seiner Quiché-Grammatik bekannt machte.[40] Der Text ist religionsgeschichtlich wichtig, weil er Aufschluß gibt über die indianische Einstellung zum Menschenopfer.[41]

[37] Berthold Riese, Geschichte der Maya, Stuttgart 1972, S. 35f. – Zu Landas Relationen vgl. Anm. 7.

[38] Ralph L. Roys, The Book of Chilam Balam of Chumayel, Washington, D. C. 1933. – Maud Worcester Makemson, The Book of the Jaguar Priest. A Translation of the Book of Chilam Balam of Tizimín, New York 1951. – Ralph L. Roys, The Book of Chilam Balam of Ixil, Cambridge, Mass. 1946.

[39] Eduard Seler, Popol Vuh. Das Heilige Buch der Quiché Guatemalas, hrsg. von Gerdt Kutscher, Berlin 1975. – Leonhard Schultze Jena, Pool Vuh. Das heilige Buch der Quiché-Indianer von Guatemala, Stuttgart 1944; 2. Aufl. hrsg. von Gerdt Kutscher, Stuttgart 1972. – Charles Etienne Brasseur de Bourbourg, Popol Vuh. Le livre sacré et les mythes de l'antiquité américaine, Paris 1861. – Noah Elieser Pohorilles, Das Popol Wuh, die mythische Geschichte des Kiše-Volkes von Guatemala, Leipzig 1913. – Adrián Recinos, Popol Vuh. Las antiguas historias del Quiché, Mexico 1947. – Die Übersetzung von Wolfgang Cordan, Popol Vuh. Das Buch des Rates, 2. Aufl. Düsseldorf 1973, ist insbesondere hinsichtlich ihrer Erläuterungen mit kritischer Vorsicht heranzuziehen.

[40] Charles Etienne Brasseur de Bourbourg, Grammaire de la langue Quiché, Paris 1862.

[41] Francisco Monterde, Rabinal Achí. Teatro Indígena Prehispánico, Mexico

Vorspanische Codices, die den aztekischen und denen der Maya vergleichbar wären, fehlen bei den *Inka*. Das hängt zusammen mit der erstaunlichen Tatsache, daß die Inka, dieses Volk hoher Kultur und Träger eines durchorganisierten Staatswesens, schriftlos gewesen sind.

Allerdings berichten die Spanier von einer Art Schriftersatz, den sie unter Verwendung eines Wortes aus dem Quechua, der Hochsprache des Inka-Reiches, mit *quipu* bezeichnen. Das Wort *quipu* bedeutet „Knoten" und im weiteren Sinne die Verwendung von geknoteten Stricken zur Festlegung gewisser Inhalte. Man ist also mit gebotenen Einschränkungen berechtigt, von einer sogenannten „Knotenschrift" der Inka zu sprechen. Die Spanier berichten, daß die Inka regelrechte Archive für die Aufbewahrung dieser wollenen, mehrfarbigen Knotenstricke besaßen. Und verwaltet wurden diese Quipu-Archive von Beamten, die Sachverständige auf dem Gebiet der *quipu* waren und den am besten mit „Quipumeister" wiederzugebenden Titel *quipucamayok* trugen.

Die wenigen *quipu*, die aus Gräbern der Küstenzone auf uns gekommen sind, stellen jedoch keine echten literarischen Überlieferungen dar. Die Spanier berichten zwar, daß die *quipu* teilweise geschichtliche Inhalte überliefert hätten und in diesem Sinne von inkaischen Erzählern benutzt worden seien; aber es ist wahrscheinlich, daß dies bestenfalls als mnemotechnisches Hilfsmittel zu verstehen ist. Denn die Art der *quipu* läßt keinen Zweifel darüber, daß sich diese vor allem für Zahlenangaben und damit zu statistischen Zwecken eigneten. Die Knoten der einzelnen Schnüre, die an einer gemeinsamen Halteschnur hingen, drückten nämlich Zahlenwerte aus, die nach dem Dezimalsystem angeordnet waren.

Aufgrund dieser Tatsache sind wir hinsichtlich literarischer Überlieferungen ganz auf die Berichte der Chronisten aus der ersten spanischen Zeit angewiesen. Das früheste, allgemein als objektiv anerkannte Werk über die Inka schrieb Pedro de Cieza de León in spanischer Sprache; es erschien erstmals am 15. März 1553.[42] Die ›Geschichte des Inkareiches‹ aus der Feder des Seefahrers Pedro Sarmiento de Gamboa entstand als eine Auftragsarbeit, die der spanische Vizekönig zur Rechtfertigung der Eroberung des Landes bestellt hatte.[43] Gegenüber dieser Schilderung

City 1955. – Erwin Walter Palm, Der Mann von Rabinal oder der Tod des Gefangenen. Tanzspiel der Maya-Quiché, Frankfurt a. M. 1961.

[42] Pedro de Cieza de León, Auf den Königsstraßen der Inka, hrsg. von Victor Wolfgang von Hagen, Stuttgart 1971.

[43] Pedro Sarmiento de Gamboa, The History of the Incas, übers. von Clements R. Markham, London 1907. – Pedro Sarmiento de Gamboa, Geschichte des Inkareiches, hrsg. von Richard Pietschmann, Berlin 1906.

eines „Barbarenlandes“ bieten die ›Commentarios Reales‹ des Garcilaso de la Vega, des „Inka“, wie man ihn genannt hat, eine idealisierende Darstellung.[44]

Besonderer Wert kommt natürlich solchen Werken zu, die von Söhnen aus spanisch-indianischen Mischehen verfaßt wurden. Denn diese Autoren besaßen durch die meist ihren mütterlichen Familien entstammenden Traditionen und durch ihre Kenntnis des Quechua einen vorzüglichen Zugang zur indianischen Geisteswelt, und sie legten ihre Relationen auch zum Teil in der Quechua-Sprache nieder. Der Priester Francisco de Avila, für den als Todesdatum das Jahr 1647 feststeht, war höchstwahrscheinlich mütterlicherseits indianischer Abstammung. Er hat auch im Quechua gepredigt, und er hat zu einer Zeit, in der die indianischen Überlieferungen noch sehr lebendig waren, in der Quechua-Sprache seinen ›Tratado de los erros‹ verfaßt.[45]

Die literarischen Überlieferungen, die im vorstehenden skizziert wurden, bilden die vornehmsten Quellen für unsere Kenntnis der altamerikanischen Religionen. Sie ergänzen und erläutern auch die Ergebnisse der archäologischen Forschungen, die sehr spät, erst in diesem Jahrhundert, mit systematischen Grabungen begannen und in dieser Hinsicht sich im Rückstand befinden gegenüber der Erschließung der altorientalischen Kulturen.

Diese altamerikanischen Quellentexte sind nicht nur unterschiedlich hinsichtlich ihres Umfanges, bei dem die aztekischen eindeutig an der Spitze stehen. Auch ihre religiösen Inhalte sind im Hinblick auf die Schwerpunkte, die sie erkennen lassen, so verschieden wie die Sprachen, in denen sie Ausdruck fanden. Deshalb ist es nicht angängig, sie in ein einheitliches System zu pressen, wenn versucht werden soll, nach einem inneren Verständnis ihrer religiösen Intentionen zu fragen, um damit beizutragen zu ihrer Wesenserfassung.

[44] Garcilaso de la Vega, Commentarios Reales, Lissabon 1609. – Ders., The First Part of the Royal Commentaries of the Incas, übers. von Clements R. Markham, 2 Bde., London 1869–1871.

[45] Francisco de Avila, Dämonen und Zauber im Inkareich, übers. von Hermann Trimborn, Leipzig 1939. – Hermann Trimborn und Antja Kelm, Francisco de Avila, Berlin 1967.

DAS TOLTEKISCHE ERBE

Während die erste kulturelle Blütezeit Mexikos, die seit dem 3. nachchristlichen Jahrhundert mit der später im 9. Jahrhundert verlassenen Kulturmetropole Teotihuacan verbunden war,[1] abgesehen von der frühen Verehrung eines Regengottes, keine fortwirkenden Traditionen erkennen läßt, haben die Tolteken, die von ungefähr 850 bis 1200 n. Chr. das politisch führende und geistig bestimmende Element in Mexiko darstellten, sowohl auf die aztekische als auch auf die Religion der Maya des Neuen Reiches einen nachhaltigen Einfluß ausgeübt, dessen Charakterisierung daher beiden Religionen voranzustellen ist.

Die religionsgeschichtlichen Auswirkungen des Toltekentums waren aufs engste verbunden mit der Verehrung sowohl des Gottes Quetzalcoatl als auch seines gleichnamigen Priesters, der als 5. Toltekenkönig wahrscheinlich von 977 bis 999 n. Chr. in der Stadt Tollan, dem 80 Kilometer nördlich vom späteren Mexiko-Tenochtitlán gelegenen „Ort bei den Binsen", dem heutigen Tula, als Priesterkönig über das Reich der Tolteken herrschte.[2]

Der Name Quetzalcoatl, den dieser Priesterkönig von dem von ihm verehrten Gott auf sich übertrug, setzt sich zusammen aus *coatl*, „Schlange", und *quetzalli*, welches die Feder des Quetzalvogels bedeutet, die grün ist. Quetzalcoatl bedeutet also: „Die mit grünen Quetzalfedern bedeckte Schlange" oder „Grüne Federschlange".[3]

Das Symbol der gefiederten Schlange bedeutet das Wasser und die durch das himmlische Wasser, den Regen hervorgebrachte Vegetation.[4] Wie häufig im mesoamerikanischen Bereich, so ist auch hier die Schlange Sinnbild einer wohltätigen Gottheit und Ausdruck für eine lebensspendende und lebenserhaltende Macht. Die Funktion des Lebensspenders verweist auf eine enge Verwandtschaft zum obersten mexikanischen

[1] Walter Lehmann, Aus den Pyramidenstädten in Alt-Mexiko, Berlin 1933, S. 63–87.

[2] G. Lanczkowski, Quetzalcoatl – Mythos und Geschichte, in: Numen 9 (1962), S. 17–36.

[3] Der Quetzalvogel, aztekisch *quetzal-tototl* = pharomacus mocinno.

[4] Walter Krickeberg, Altmexikanische Kulturen, Berlin 1956, S. 193.

Himmelsgott.[5] Wie bei diesem, so stand auch bei Quetzalcoatl mit der lebensspendenden Macht eine urzeitliche Schöpfertätigkeit in engem Zusammenhang. Das bezeugen zwei Textstellen[6]: „Sie (die Alten) sagten: (aus) Asche machte sie (die ersten Menschen), schuf sie er, den sie ihren Gott nannten. Ihm schrieb man das zu, dem Quetzalcoatl."

Noch umfassender wird Quetzalcoatls Schöpfertätigkeit beschrieben in dem Satz: „Uns machte, uns schuf, uns bildete er, dessen Geschöpfe wir sind, unser Fürst Quetzalcoatl, und er schuf Himmel, Sonne, Erde."

Zu diesem von ihm offensichtlich monotheistisch verehrten Gott bekannte sich der 5. Toltekenherrscher, als er an die Stelle seines Geburtsnamens „Eins Rohr *(ce acatl)*" den Namen des Gottes Quetzalcoatl setzte. Seinen Herrschaftsantritt in Tollan verzeichnet die ›Geschichte der Königreiche‹[7]: „(Es) holten die Tolteken ihn, den Quetzalcoatl, indem sie ihn zum König wählten dort in Tollan, und er war ihr Priester."

Mit dieser Stelle ist sehr deutlich die Verbindung des Königtums mit dem Priestertum in der Person Quetzalcoatls, also ein Priesterkönigtum, zum Ausdruck gebracht, eine Regierungsform, die den Herrscher sakral legitimiert und ihm gleichzeitig kultische Verpflichtungen auferlegt. Die Erfüllung dieser Pflichten kennzeichnete die Regierungszeit Quetzalcoatls[8]: „(Es) machte seine Fastenhäuser, seine Kultstätten, seine Andachtsstätten unser Fürst Ce Acatl Quetzalcoatl. Vierfach (waren) seine Häuser, die er gründete; sein Türkisbalkenhaus, sein rosarotes Muschelhaus, sein (weißes) Muschelhaus, sein Quetzalfederhaus, worin er betete, (der Gottheit) mit frommen Bußübungen diente und mit Fasten sein Leben zubrachte. Und noch um Mitternacht stieg er zum Wasser hinab nach einem Platze namens Wasserpalast. Und seine Dornen (zur Kasteiung) legte er dort nieder ... Und zu seinen Dornen machte er grüne Jade, als seine grünen Fichtenzweige (nahm er) Quetzalfedern."

Das Motiv der Selbstkasteiung, das in diesem Texte zum Ausdruck kommt, kehrt wieder bei bildlichen Darstellungen Quetzalcoatls, wenn in seinem Hut ein Knochendolch als Symbol der priesterlichen Kasteiung abgebildet ist. Der Text fährt dann fort: „Und als Brandopfer verwendete er echte Türkise, Jade, rötliche Muschelschalen. Und sein Opfer bestand

[5] Josef Haekel, Hochgott und Götter im alten Mexiko, in: Kairos 1959, S. 138. – Miguel León-Portilla, La Filosofía Nahuatl, Mexico 1956, S. 172f.

[6] Walter Lehmann, Die Geschichte der Königreiche von Colhuacan und Mexico, Stuttgart 1938, S. 60 und S. 291, Anm. 1.

[7] A. a. O. (Anm. 6), S. 75.

[8] A. a. O. (Anm. 6), S. 75f.

Tafel I: Cholula, Sta. María de los Remedios auf der größten Pyramide der Welt.

ahmten die Räucherpriester und die (anderen) Priester nach. Das Leben dieses Quetzalcoatl, das nahmen die Priester als ihre Lebensweise an, das Gesetz von Tollan, das allgemein hier in Mexiko befolgt wurde."

Aber diese positiven Züge im Wirken Quetzalcoatls sind überschattet von einer echten Tragik. Bereits sein Leben in Tollan vollzieht sich in der Einsamkeit des priesterlichen Mittlers zwischen dem obersten Himmelsgott und den Menschen[14]: „Zur Zeit, als er lebte, nicht zeigte er sich vor den Leuten. An einem ganz unzugänglichen Platz, im Innern des Hauses hielt er sich auf, ward er behütet ... Und er befand sich auf einer Edelsteinmatte, einer Quetzalfedermatte, einer Edelmetallmatte."

Ein weiteres Motiv im Leben Quetzalcoatls muß von einer tragischen Bedeutung gewesen sein. Es handelt sich um die Erkenntnis seiner äußeren Häßlichkeit, vielleicht als Folge des Alterns, wie sie Quetzalcoatl durch einen Spiegel vermittelt wird. Der Spiegel ist das Symbol des aztekischen Gottes Tezcatlipoca, des „rauchenden Spiegels" – und nach einer Version ist es auch dieser Gott Tezcatlipoca, der Quetzalcoatl in feindlicher Absicht den Spiegel reicht[15]: „Und da sah sich Quetzalcoatl (im Spiegel). Sehr fürchtete er sich, er sagte: Wenn mich meine Untertanen erblicken, werden sie nicht etwa davonlaufen? – Denn die Augenlider sind sehr dick geschwollen, die Augenhöhlen tief eingesunken, überall ganz sackartig gedunsen das Gesicht, nicht wie das eines Gesunden."

Diese Version aus der ›Geschichte der Königreiche‹ steht im Zusammenhang der Berichte über die Bemühungen Tezcatlipocas und der Dämonen, Quetzalcoatl zum Verlassen seiner Stadt Tollan zu bewegen. Der entscheidende Anlaß hierzu wird gegeben, als es seinen Widersachern gelingt, Quetzalcoatl und dessen nur hier erwähnte Schwester Quetzalpetlatl („Quetzalfedermatte") zum Genuß des Pulque-Trankes und im Zusammenhang damit zum Versäumnis ihrer Bußübungen zu verführen. Danach reift der Entschluß Quetzalcoatls, seine Stadt Tollan zu verlassen[16]: „Und danach, da Quetzalcoatl (darüber) verwirrt und bekümmert war, denkt er daran, daß er seine Stadt Tollan verlassen soll. Darauf macht er sich bereit. Man sagt, daß er ganz sein goldenes und rotes Muschelhaus verbrannte und den anderen Toltekenschatz. Wunder-Herrlichkeiten, die Kostbarkeiten vergrub und verbarg er alle an schwer zugänglichen Orten, entweder im Innern der Berge oder in den Schluchten."

Die Tragik dieses Auszuges Quetzalcoatls aus Tollan kommt voll zum

[14] Geschichte der Königreiche (Anm. 6), S. 78.
[15] Geschichte der Königreiche, S. 82.
[16] Sahagún-Seler, S. 286ff.

Ausdruck in den folgenden Worten, die den Rückblick auf seine von ihm verlassene Stadt schildern[17]: „Darauf blickt er nach Tollan, und da weint er, wirr schluchzend weint er. Zwei Hagelschauer sind seine Tränen, über das Gesicht legen sich seine Tränen. Wo sie herabtropften, durchlöcherten sie den Stein."

Auch die Poesie hat das Motiv dieses tragischen Auszugs aufgegriffen und in einem schwermütigen ›Tolteken-Klagegesang‹ zum Ausdruck gebracht[18]:

In Tollan hat das Haus aus Balken gestanden; nur noch die Schlangensäulen liegen hingestreckt da. Fortgegangen ist Quetzalcoatl, unser Fürst, eilig ist er von dannen gezogen. Sie wandern und wandern aus, unsere Edlen, die tränenwerten. Er geht fort, geht seiner Vernichtung entgegen, dorthin in das Land der Morgenröte.

Wie Felsen brechen, so (herzzerbrechend) schluchze ich; wie Wassersand beharrlich den Stein schneidet, so schneidet es mir ins Herz, daß mein Gebieter fortgegangen ist.

O nicht doch! Nicht doch! Was soll aus deinem Hause werden, dem schöngeschmückten? Was soll aus deinen Tempeln werden, die du verwaist zurückgelassen hast hier in Tollan und in Nonohualco?

Züchtigung mit Stein und Knüppel ist zwiefach und plötzlich dort über Tollan verhängt worden, wo du, Quetzalcoatl, unser Fürst, zu herrschen gekommen warst. Nie wird dein Name vergehen. Siehe, weinen wird nun dein Untertan.

Gerade hier hast du doch das Haus der Türkise und die Schlangenhäuser errichtet, hier in Tollan, wohin du zu herrschen gekommen warst, Quetzalcoatl, unser Fürst.

„Nie wird dein Name vergehen" – diese Textaussage des voranstehenden Gedichtes kann die weiterwirkende Bedeutung Quetzalcoatls kennzeichnen. In der Erinnerung an Ruhm und Ehre der indianischen Vergangenheit besteht sie in Mexiko bis heute; denn es ist wohl nicht zufällig, daß José López Portillo als Präsident Mexikos, der er damals war, im Jahre 1965 eine monographische Darstellung des großen Tolteken veröffentlichte.[19]

Natürlich betraf die Einflußnahme Quetzalcoatls zunächst und vor allem die Religiosität der alten, der indianischen Zeit, und dies sowohl auf aztekischem Gebiet als auch auf dem der Maya.

[17] Sahagún-Seler, S. 287f.

[18] Leonhard Schultze Jena, Altaztekische Gesänge, hrsg. von Gerdt Kutscher, Stuttgart 1957, S. 138ff. – Walter Lehmann, Ein Tolteken-Klagegesang, in: Festschrift Eduard Seler, Stuttgart 1922, S. 281–319.

[19] José López Portillo y Pacheco, Quetzalcóatl. Aus dem Spanischen von Wolfgang Promies, Frankfurt a. M. 1978.

Der Weg Quetzalcoatls aus Tollan hatte ihn bis zur Küste des Ostmeeres geführt. Über sein dortiges Verhalten gibt es zwei unterschiedliche Versionen. Nach der einen, die bereits sehr deutliche Züge der Mythologisierung aufweist, suchte er die „Gegend des Sonnenaufganges" auf, „indem er dort im Rauch aufging, in Glut aufging",[20] sich freiwillig auf einem Scheiterhaufen verbrannte, worauf sein Herz als Morgenstern an den Himmel ging.

Die zweite Version, die überleitet zu seinem Fortwirken im Bereich der Maya, besitzt historische Wahrscheinlichkeit. Nach ihr verläßt Quetzalcoatl den mexikanischen Boden und reist zu Schiff nach einem Lande, das in den aztekischen Texten mit Tlapallan, „Land der Morgenröte", bezeichnet wird[21]: „Und nachdem er an das Ufer (des Meeres) gekommen war, macht er die Schlangenbahre. Nachdem man sie fertiggestellt, setzt er sich darauf; und das galt nun gleichsam als sein Schiff. Darauf ging er, wurde von dem Wasser fortgeführt, und niemand weiß mehr, wie er nach Tlapallan gelangte."

Daß diese Auswanderung den Priesterfürsten Quetzalcoatl tatsächlich in das Gebiet der Maya führte, wird durch deren Traditionen bestätigt. Wesentlich hierfür ist zunächst die Bedeutungsgleichheit seines mexikanischen Namens mit einem Namen, der nunmehr bei den Maya in religiösen Zusammenhängen auftritt und Bedeutung gewinnt. Denn eine direkte Übersetzung des Namens Quetzalcoatl in seiner Bedeutung „grüne Federschlange" findet sich im Quiché der Maya in der Form K'ukumatz[22] und im yukatekischen Maya in der Form Kukulcán.[23]

Neben der Gleichheit der Namensbedeutungen ist diejenige der mit Quetzalcoatl verbundenen Vorstellungen aufschlußreich. Das Motiv des Auszugs aus seiner einstigen Heimat und seiner Wanderung bringt die Maya-Bezeichnung *yaqui vinak*, „fortgezogener Mann", zum Ausdruck; es ist wahrscheinlich, daß dem Wort *yaqui*, das später generell die Bedeutung „Tolteken" gewann, die aztekische Form *yaque*, „die Wegziehenden, die Auswanderer", zugrunde liegt;[24] und es ist aufschlußreich, daß diese Bezeichnung aufgrund des positiven Einflusses Quetzalcoatls bei den Maya zu einem ehrenden Prädikat wurde.

[20] Walter Lehmann und Gerdt Kutscher, Das Memorial breve acerca de la fundación de la ciudad de Culhuacan, Stuttgart 1958, S. 52.

[21] Sahagún-Seler, S. 292.

[22] *k'uk*, „grüne Feder des Quetzalvogels", *kumatz*, „Schlange".

[23] *kuk*, „Quetzalfeder", *can*, „Schlange".

[24] Eduard Seler, Gesammelte Abhandlungen zur Amerikanischen Sprach- und Altertumskunde, Bd. 3, Berlin 1908, Nachdruck Graz 1960, S. 644, Anm. 1.

Auch Funktionen, die für Quetzalcoatl typisch sind, finden sich in der Tradition der Maya. Im ›Popol Vuh‹ wird berichtet, daß er es war, von dem die Urväter der Quiché die Abzeichen ihrer Herrscherwürde empfingen. Und er war ferner der „alleinige Rechtsprecher" *(xa hu catoltzih)*.[25]

Quetzalcoatls Beziehung zum Höchsten Wesen wird auch im ›Popol Vuh‹ tradiert, wenn dort K'ukumatz in Abhängigkeit dargestellt wird vom „Herz des Himmels" *(u gux cah)*.[26]

Im aztekischen Bereich war der weiterwirkende Aspekt der Gestalt Quetzalcoatls in erster Linie verbunden mit der Prophetie seiner späteren Rückkehr, die Erwartungen hervorrief, die zu den tragischen Mißverständnissen, der Verwechslung mit Cortés, in den Tagen der Conquista führen. Denn für die aztekische Tradition galt es als feststehend[27]: „In der folgenden Weise sprechen die alten Männer der fernen Zeit: Er selbst lebt und ist, der bis jetzt nicht stirbt, und wiederum wird er zurückkehren, der zu herrschen kommt."

Aus einer anderen Textstelle bei Chimalpahin, wo es in bezug auf die Rückkehr Quetzalcoatls heißt[28]: „In Erwartung der sehr fernen Zeit lebte man", ist völlig deutlich, daß seine Wiederkunft und die Wiedererrichtung seines Reiches sehnlichst erhofft wurden.

Damit jcdoch crschöpft sich nicht der weiterwirkende Einfluß des großen Tolteken. Vielmehr diente seine Gestalt auch zur sakralen Legitimierung des aztekischen Herrschertums. Dafür, daß sich deren Vertreter als Rechtsnachfolger Quetzalcoatls verstanden, spricht ein Satz aus der Inthronisationsrede, die beim Krönungszeremoniell an jeden neuen Herrscher der Azteken gerichtet wurde[29]: „Seit heute, o Herr, sitzest du auf dem Throne, den Quetzalcoatl errichtete. In seinem Namen kam Huitzilopochtli, den Thron einzunehmen, und in dessen Namen war Acamapichtli der erste König."

Bei der Bestattung eines toten Königs trat ebenfalls die Bezugnahme auf Quetzalcoatl zutage. Die Azteken errichteten bei der Trauerfeier eine Holzstatue, die sie in der Weise Quetzalcoatls schmückten und vor der sie opferten.[30]

[25] Leonhard Schultze Jena, Popol Vuh. Das heilige Buch der Quiché-Indianer von Guatemala, Stuttgart 1944, S. 144.

[26] A. a. O., S. 4.

[27] Chimalpahin (Anm. 20), S. 128.

[28] Chimalpahin (Anm. 20), S. 36.

[29] Don Alvarado Tezozomoc, Crónica Mexicana, Mexico 1878, Kap. 56.

[30] Krickeberg, a. a. O. (Anm. 4), S. 240.

Wie für das Königtum, so erlangte auch für das aztekische Priestertum die Gestalt Quetzalcoatls konstitutive Bedeutung. Obwohl sie im Dienste ganz anderer Götter standen, trugen in Mexiko-Tenochtitlán die Oberpriester des Huitzilopochtli und des Regengottes Tlaloc den Namen Quetzalcoatl als Berufsbezeichnung und Titel.[31] Sie hießen daher im Plural die beiden Quetzalcoa oder Quequetzalcoa. Unter dem Patronat des Quetzalcoatl stand auch das Priesterhaus *(calmecatl)*[32], während das Haus der Krieger *(telpochcalli)*[33] seinem Antagonisten Tezcatlipoca geweiht war.

[31] A. a. O., S. 250f.

[32] Das Wort, das sich aus *calli*, „Haus", und *mecatl*, „Schnur", zusammensetzt, bezeichnet sehr plastisch die an Korridoren aneinander gereihten Priestergemächer und kann gut mit „Kloster" wiedergegeben werden.

[33] Wörtlich „Jünglingshaus".

DIE AZTEKEN

Das aztekische Reich

Religions- und Profangeschichte gehen ineinander über, wenn es darum geht, das aztekische Reich als äußeren Rahmen für die aztekische Religion zu erfassen.[1] Bereits ihre frühe Wandersage haben die Azteken als eine heilige Reise verstanden, die unter Führung ihres Stammesgottes Huitzilopochtli stattfand.[2]

Die Azteken, die die Stadt Mexiko im 14. Jahrhundert n. Chr. gründeten und ihr in raschem Aufstieg die Vormachtstellung über weite Gebiete Mesoamerikas verschafften, hatten die Lagunen im damaligen See von Tetzcoco, auf denen sie ihre Stadt errichteten, erst am Ende einer Wanderung aus dem Norden erreicht, als deren Ausgangspunkt ihnen das Land Aztlan galt, das „Land der weißen Farbe", worunter vielleicht Dämmerung und Vorzeit zu verstehen sind.

Von dort führte sie Huitzilopochtli, „der Kolibri des Südens". Die theriomorphe Komponente dieses Gottes hatte spezielle Bedeutung für die aztekische Wandersage. Diese berichtet, daß Huitzilopochtli durch den Mund seines gleichnamigen Priesters sein aztekisches Volk auf dem Wege nach Mexiko mit den Rufen *tihui tihui* oder *ma tihuian* zum Weiterziehen anspornte. Dabei vermittelte die Lautnachahmung des Vogelrufes einen sinnvollen Gehalt; denn *tihui tihui* heißt „wir gehen, wir gehen", und *ma tihuian* bedeutet „laßt uns gehen".

Dem Ursprungsland dieser Wanderung maßen die Azteken eine eigenartige religiöse Bedeutung zu. Das Land Aztlan war für sie als heiliges Land ihres Ursprungs zugleich die Stätte ihrer wahren, in gewisser Hinsicht ortsgebundenen Religion. Denn nicht nur der zeitliche, sondern vor allem und offensichtlich in erster Linie der räumliche Abstand von diesem heiligen Land konnte als Ursache negativer religiöser Veränderungen angesehen werden. Darauf hatte, wie bereits erwähnt wurde,

[1] Umfassende Darstellung der aztekischen Geschichte: Nigel Davies, The Aztecs. A History, London 1973; dt.: Die Azteken. Meister der Staatskunst – Schöpfer hoher Kultur, Düsseldorf–Wien ²1974.

[2] G. Lanczkowski, Die heilige Reise. Auf den Wegen von Göttern und Menschen, Freiburg i. Br. 1982, S. 32 ff.

Abb. 3: Huitzilopochtli.

Motecuçoma II. in seinem Gespräch mit Cortés hingewiesen, und er hatte seine Ansicht, daß er und seine Untertanen von ihrer Heimat getrennte und von ihrem göttlichen Führer Huitzilopochtli verlassene Fremdlinge seien, noch an anderer Stelle gegenüber Cortés ausführlicher dargelegt. Darüber berichtete Cortés seinem Kaiser Karl V. im Schreiben vom 30. Oktober 1520[3]: „Danach hat er (Motecuçoma) sich niedergesetzt auf einen Sessel, der ihm rasch hingestellt ward, nicht weit von dem meinen, und hat also zu mir gesprochen: Wie wir aus alten Schriften und Geschichten wissen, haben meine Vorfahren und die jetzigen Bewohner dieser Stadt ihren Ursprung nicht in diesem Lande, sondern wir sind Fremdlinge, aus weiter Ferne vor geraumer Zeit hier eingewandert. Auch ist uns überliefert, daß ein großer Fürst unsere Ahnen hergeführt und uns hiergelassen hat, selbst aber wieder heimgekehrt ist. Als er nach langer Zeit wiederkam, fand er seine Untertanen mit Frauen von hier ver-

[3] Arthur Schurig (Hrsg.), Die Eroberung von Mexiko durch Ferdinand Cortes, Leipzig 1918, S. 121 f.

heiratet, reich an Kindern und Enkeln, und wohnend in Städten und Dörfern, die sie gegründet hatten. Kaum einer kannte ihn wieder, und niemand wollte ihm in die Heimat folgen. Also ist er allein geschieden. Aber bis auf den heutigen Tag glauben wir alle, daß ein Nachkomme von ihm dermaleinst wiederkehren wird, um dies Land zu unterwerfen und sich gehorsam zu machen."

Mit der religiös bestimmten Rückbesinnung auf die Ursprungsstätte hängt auch eines der seltsamsten religionsgeschichtlichen Ereignisse zusammen, das sich zur Zeit des älteren Motecuçoma (1440–1469) zugetragen haben soll. Der Dominikaner Diego de Durán berichtet darüber in seiner ›Historia de las Indias de Nueva España‹[4].

Danach soll Motecuçoma I. eines Tages beschlossen haben, „Leute auszusenden, um zu erfahren, an welchem Ort seine Vorfahren gewohnt hätten". Er habe Kunde davon, daß dort noch die Mutter des aztekischen Stammesgottes Huitzilopochtli lebe, nämlich Coatlicue, „die mit dem Schlangenrock", eine Erdgöttin. Man solle ihr Gaben bringen „und ihr Bericht erstatten, auf daß sie sich freue an dem, was ihr Sohn mit der Kraft seines Armes, seiner Brust und seines Hauptes gewonnen hat".

„Als sechzig bereits betagte Männer, die sich auf die magischen Künste verstanden, vor ihn (Motecuçoma) gebracht worden waren, sprach er zu ihnen: Ehrwürdige Väter! Ich bin entschlossen zu erkunden, wo der Ort liegt, von dem die Mexikaner auszogen, wie das Land beschaffen ist, wer es bewohnt und ob die Mutter unseres Gottes Huitzilopochtli noch lebt. Deswegen habe ich euch rufen lassen, daß ihr auf die beste Art und Weise und auf dem kürzesten Wege dorthin zieht."

Am Wohnsitz ihrer Vorfahren, den sie mit Hilfe magischer Kräfte erreichen, treffen die Boten Motecuçomas zunächst auf einen Greis, den Hausmeister der Coatlicue. Dieser fragt sie im Hinblick auf Huitzilopochtli: „Will er denn nicht offenbaren, wann er zurückkehrt? Denn damals hinterließ er seiner Mutter das Versprechen, daß er zurückkehren werde, und nun sitzt die Ärmste bis zum heutigen Tage, wartet auf ihn in Trauer und Tränen, und niemand kann sie trösten. Wäre es nicht gut, wenn ihr sie sähet und mit ihr sprächet?"

Die aztekischen Boten werden dann zu Coatlicue geführt, die bitterlich weint und zu ihnen spricht: „Seid willkommen, meine Söhne. Wisset,

[4] Diego Durán, Historia de las Indias de Nueva España, hrsg. von José F. Ramírez, Bd. 1, Mexico 1867, S. 218ff. – Fray Diego Durán, The Aztecs, übers. von Doris Heyden und Fernando Horcasitas, New York ²1964, S. 135ff. – Dt. Übersetzung von Walter Krickeberg, Märchen der Azteken und Inkaperuaner, Maya und Muisca, Düsseldorf ²1968, S. 100ff.

daß ich, seit euer Gott, mein Sohn Huitzilopochtli, fortgezogen ist, in Trauer und Tränen seiner Rückkehr harre. Seit jenem Tage habe ich weder mein Gesicht gewaschen noch mein Haar gekämmt noch meine Kleider gewechselt, und diese Trauer wird währen, bis er zurückkehrt... Sagt ihm, er möge Erbarmen mit mir haben und mit dem großen Leid, das ich trage, weil er mir fern ist. Sehet, wie ich mich um seinetwillen mit Fasten und Bußübungen plage; er soll daran denken, was er mir einst bei seinem Weggang sagte: ‚Mutter, ich werde nicht lange mit der Rückkehr säumen; nicht länger, als bis ich die sieben Sippen (der Azteken) fortgeführt und in dem Lande angesiedelt habe, das ihnen verheißen ist. Ich werde zurückkehren, wenn die Jahre meiner Wanderung erfüllt sind und die Zeitspanne abgelaufen ist, die mir gewährt ist, um mit allen Provinzen und Städten, kleineren Orten und Dörfern Krieg zu führen und sie mir botmäßig zu machen. Aber in derselben Weise, wie ich sie gewinne, wird ein fremdes Volk sie mir wieder entreißen und mich aus jenem Lande verjagen. Dann werde ich hierher zurückkehren, weil die, die ich einst mit Schwert und Schild unterjochte, sich gegen mich wenden und mich kopfüber zu Boden werfen werden, so daß ich und meine Waffen auf dem Boden dahinrollen. Dann, Mutter, ist meine Zeit erfüllt, dann kehre ich fliehend in deinen Schoß zurück.‘“

Nachdem die Boten Coatlicue verlassen haben, offenbart ihnen noch der uralte Hausmeister, daß der Ort, an dem sie sich befinden, eine verjüngende Kraft ausübt: „Darum leben wir hier so lange, und darum sind noch alle am Leben, die eure Väter zurückließen, weil wir uns verjüngen, sooft wir es wünschen.“

Die Tatsache, daß in dieser Erzählung mythische Elemente mit einem geschichtlichen Bericht über die Reise der Boten Motecuçomas verbunden sind, ändert nichts an der Wahrhaftigkeit ihrer Motive. Die für aztekisches Geschichtsdenken so wesentliche religiöse Bedeutung des Ursprungslandes tritt deutlich zutage, und sie wird unterstrichen durch eine Mythologisierung, den Hinweis nämlich auf die verjüngende Kraft dieses Landes. Religionsphänomenologisch gesehen, handelt es sich dabei um ein fernes, aber – im Unterschied zur Paradiesesvorstellung – doch letztlich in diesem Leben erreichbares Land, und damit ist das religionsgeschichtlich weit verbreitete Motiv der „Inseln der Seligen“ angesprochen.[5]

Auch die Vorstellung, daß Huitzilopochtli aus dem Lande, das er eroberte, wieder vertrieben werde, die Azteken also ihre Macht dereinst

[5] Vgl. G. Lanczkowski, Die Inseln der Seligen und verwandte Vorstellungen, Frankfurt a. M. 1986.

verlieren würden, entspricht einem auch sonst nachweisbaren Pessimismus des aztekischen Geschichtsdenkens und braucht daher keineswegs als nachträglicher Hinweis auf die Conquista, als *Ex-eventu*-Prophetie, an diese Geschichte herangetreten zu sein.

Schließlich ist das Zusammentreffen mit Coatlicue nicht ohne weiteres als historisch unglaubwürdig abzutun. Es kann sich hierbei sehr wohl um eine Priesterin gehandelt haben, die den Namen ihrer Göttin trug und sich mit dieser weitestgehend identifizierte.

Religiöse Bedeutung besaß für die Azteken nicht nur der Ausgangspunkt ihrer Wanderung, sondern auch das Ziel, an das sie wahrscheinlich im Jahre 1370 n. Chr. gelangten. Als sie „inmitten von Rohr, inmitten von Schilf" die Lagunen im damaligen See von Tetzcoco erreichten, sagte Huitzilopochtli dem Oberpriester Cuauhcoatl („Adlerschlange") die zukünftige Größe Mexikos voraus[6]: „O Cuauhcoatl! Du hast gesehen, was es da unten im Schilf alles gibt, und du hast dich darüber verwundert. Doch höre: es gibt noch andere Dinge, die du nicht gesehen hast . . . Dort wollen wir uns niederlassen, dort wollen wir herrschen und den anderen Völkern entgegentreten, auf daß wir sie mit Pfeil und Schild unterwerfen. Dort soll auch unsere Hauptstadt Mexiko-Tenochtitlán stehen, dort, wo der Adler seinen Schrei ertönen läßt, wo er seine Schwingen ausbreitet und scinc Nahrung sucht, dort, wo der Fisch schwimmt und die Schlange vertilgt wird – Mexiko-Tenochtitlán, vieles wird dort geschehen!"

Mexiko-Tenochtitlán, der Doppelname der aztekischen Metropole, ist in sprachlicher Hinsicht vollauf deutlich hinsichtlich seines ersten Gliedes. Es verweist auf Mexitli, den Namen eines frühen Stammesheros, und bedeutet „Bei Mexitli".

Demgegenüber ist der Name Tenochtitlán einer zweifachen Deutung zugänglich. Er kann einmal auf einen Räucherpriester und Kriegshäuptling namens Tenoch bezogen werden und wäre dann mit „Ort des Tenoch" zu übersetzen.

Der ›Codex Mendoza‹, der kurz nach der spanischen Eroberung im Auftrag des Vizekönigs Don Antonio de Mendoza für Kaiser Karl V. angefertigt wurde, läßt ein anderes sprachliches Verständnis erkennen.[7] Er zeigt am Kreuzungspunkt der viergeteilten mexikanischen Stadt das mit Tenochtitlán unterschriebene Bild eines Adlers, der auf einem Stein mit einem Feigenkaktus sitzt. Danach wäre Tenochtitlán zu verstehen als ein Kompositum aus *te(tl)*, „Stein", *nocht(tli)*, „Feigenkaktus", und dem mit

[6] Jacques Soustelle, So lebten die Azteken am Vorabend der spanischen Eroberung, Stuttgart 1956, S. 25.

[7] Codex Mendoza, hrsg. von Kurt Ross, Stuttgart 1978, Abb. 1.

ti angeschlossenen Ortssuffix *-tlan*. Es hätte dann die Bedeutung „Am Feigenkaktus auf dem Stein“ oder, in freierer Wiedergabe, „Ort, wo der Feigenkaktus auf dem Stein wächst“.

Diese Stadt Mexiko-Tenochtitlán, die sich in erstaunlich raschem Aufstieg zum Zentrum eines weiträumigen Staates entwickelte, war auch Kultmetropole des sie umgebenden Landes. Darauf verwies sehr deutlich ihre Sakralarchitektur, wie sie Cortés vorfand und als erster Europäer in seinem Bericht an Karl V. folgendermaßen schilderte[8]: „Es gibt in dieser großen Stadt viele Moscheen, gar prächtig erbaut, in denen die Götzen des Landes verehrt werden. In den größeren wohnen auch die Priester in schönen Wohnungen ... Die Hauptmoschee steht auf einem großen Platze, dessen Umkreis von einer acht Fuß hohen Mauer umzogen ist. Ihr gesamter Bereich ist so weit, daß man darin Häuser für 500 Menschen bauen könnte. Die Mauer ist in einem großen Viereck angelegt und hat riesige Tore mit Türmen und Zinnen. Ihr entlang befinden sich die Häuser der Priester und Mönche mit langen Wandelgängen. Der Tempel selbst ist höher als die Kathedrale von Sevilla. Er hat die Gestalt einer viereckigen Pyramide von vier gewaltigen Stufen. Ganz oben auf der weiten Plattform, auf die man durch eine breite Außentreppe gelangt, stehen zwei Turmtempel aus geglättetem Stein und geschnitztem Holzwerk, in denen die riesigen Götzenbilder thronen. Die Wände um sie herum sind reich geschmückt und mit allerlei Ungeheuern und seltsamen Figuren bemalt ... Jeder der beiden Tempel war einem anderen Götzen geweiht ...“

Wahrscheinlich kannte Cortés, als er diese Zeilen schrieb, noch nicht die einheimische Bezeichnung der aztekischen Sakralbauten; sie wäre ohnehin in Europa unverständlich geblieben. Deshalb war es sinnvoll, daß er sie mit dem aus der islamischen Tradition Spaniens bekannten Namen für fremdreligiöse Bauwerke als „Moscheen“ bezeichnete und außerdem ihre Gestalt mit einem Begriff, der sich hierfür erhalten hat, als „Pyramiden“ kennzeichnete.

Dabei dürfen jedoch in Form und Sinngebung wesentliche Unterschiede zu den Pyramiden Altägyptens nicht übersehen werden. Deren Zweckbestimmung war es, als Grabbauten für verstorbene Pharaonen zu dienen. Demgegenüber waren die Pyramiden Mesoamerikas Kultstätten, für die Bestattungen nur in Ausnahmefällen nachgewiesen worden sind.

Dem Ziel, als Kultstätte zu dienen, entsprach auch die architektonische Gestalt der amerikanischen Pyramide. Während die pharaonischen Grabbauten des Nillandes eine frühe Stufengestalt bald überwanden und

[8] Schurig, a. a. O. (Anm. 3), S. 143 f.

die pyramidale Form nahezu vollkommen erreichten, gehörten Abstufungen zum wesentlichen Bestandteil der amerikanischen Pyramide. Ihre Stufen, die die neun, gelegentlich dreizehn Sphären des Himmels symbolisierten, führten empor zu einer Plattform, auf der ein, höchstens zwei Tempel standen.

Diese Rumpfpyramiden waren also künstliche Berge, die die sie krönenden Tempel möglichst hoch in die Nähe des Himmels trugen. Sie hießen in aztekischer Sprache *tzaqualli*, „das Umschlossene", nämlich das von Steinplatten umschlossene Bauwerk, das einen Kern von Steinen und Geröll enthielt. Die Bezeichnung des Pyramidentempels war *teocalli*, „Gotteshaus", ein Kompositum aus *teotl*, „Gott", und *calli*, „Haus".

Zwei mit ihrer Front nach Westen ausgerichtete *teocalli,* von denen eines dem Huitzilopochtli, das andere dem Regengott Tlaloc geweiht war, standen auf der Hauptpyramide von Mexiko-Tenochtitlán, die sich auf ihrer Grundfläche von 100 mal 80 Metern erhob. Sie war der Mittelpunkt eines weiträumigen Tempelkomplexes, zu dem noch die Wohnungen und Schulen der Priester gehörten, ferner Aufbewahrungshäuser für Kultgeräte, Wirtschaftsgebäude und Räume für die zum sakralen Menschenopfer Bestimmten.

Der Bau dieses umfangreichen Tempelkomplexes war während der Regierungszeit Ahuitzotls (1486–1502), des „gespenstigen Wassertieres", vollendet und eingeweiht worden. Zu dieser Tempelweihe hatte Ahuitzotl auf siegreichen Feldzügen so viele Gefangene eingebracht, daß er das Fest – nicht ohne Widerspruch aus den Reihen seiner eigenen Verwandtschaft – zur zahlreichsten Darbringung sakral getöteter Menschen gestalten konnte, die Mexiko erlebt hat. Zwei Stämme der benachbarten Mixteken sollen damals praktisch ausgerottet worden sein.

Als Führer seines eigenen Volkes stand Ahuitzotl in einer Reihe energievoller Herrscher, die Mexiko-Tenochtitlán, den einstigen Rückzugswinkel der Azteken auf einer Lagune des Sees von Tetzcoco, in erstaunlich kurzer Zeit zur Vormacht des mexikanischen Hochlandes und zum Venedig der Neuen Welt erhoben hatten. Die bedeutendsten seiner Vorgänger waren Itzcoatl (1428–1440), die „Obsidianschlange", und Motecuçoma I. (1440–1469), „der zornig aufbrausende Herr", gewesen.

Der Nachfolger Ahuitzotls war jener unglückliche Motecuçoma II., dessen Regierungszeit von der Conquista überschattet wurde und bei dessen Steinigung im Jahre 1520 die gewaltigste indianische Macht des Hochlandes von Mexiko vor dem Zusammenbruch stand.[9]

[9] Cottie A. Burland, Montezuma, Herrscher der Azteken. Würzburg 1974; [2]1976. – Walter Krickeberg, Moctezuma II, in: Saeculum 3 (1952), S. 255–276.

Abb. 4: Hinrichtung des letzten Aztekenherrschers Quauhtemoc.

Die beiden letzten, auf Motecuçoma II. folgenden Herrscher Mexikos konnten die für das Indianertum tragische Entwicklung nicht aufhalten. Cuitlauac, ein jüngerer Bruder Motecuçomas II., starb nach kurzer Regierungszeit an den Pocken, und Quauhtemoc, von den Spaniern Guatemozin genannt, in dem sich noch einmal in großartiger Weise der indianische Geist verkörperte, wurde von Cortés im Jahre 1524 hingerichtet.

Die religionsgeschichtlich wesentliche Frage nach der Legitimation des aztekischen Herrschertums kann wahrscheinlich dahingehend beantwortet werden, daß durch die Conquista eine Entwicklung abgebrochen wurde, die zum Sakralkönigtum führte und zur Zeit Motecuçomas II. kurz vor ihrem Abschluß stand. Bereits die Titulatur der aztekischen Herrscher, die wir gewöhnlich mit „König“ oder „Kaiser“ wiedergeben können, wies in diese Richtung. Sie wurden mit *tlacatecutli*, „Fürst der Menschen“, bezeichnet, und mit *tlatoani*, was den „Sprecher“ im Staatsrat *(tlatocan)* meint, aber auch als Inhaber der Gewalt des befehlenden wie auch des schöpferischen Wortes verstanden werden kann.

Motecuçoma II., dessen Religiosität außer Zweifel steht, hatte die einstigen priesterlichen Funktionen seines Mitregenten, der den Titel *ciuacoatl*, „weibliche Schlange“, trug, weitestgehend übernommen. Er galt als irdischer Vertreter des Feuergottes, als Nachfolger Quetzalcoatls und

Huitzilopochtlis, und er verstand es, im Hofzeremoniell seiner sakralen Stellung sinnfälligen Ausdruck zu verleihen. Es kann kaum Zweifel bestehen, daß diese Haltung, ehe die Conquista über ihn hereinbrach, weitestgehend gebilligt wurde, und daß auf ihn jene Worte zutrafen, mit denen ein aztekischer Text den guten Herrscher kennzeichnete[10]: „Der gute Herrscher hat Schoß, Schultern und Arme zum Tragen. Er ist es, der die Menschen auf den Armen trägt, sie zu Versammlungen einberuft, und er führt sie. Er hat Befehlsgewalt, er gibt Schutz und Schirm; in Schoß und Armen trägt er die Menschen. Er ist der Führer, und ihm wird gehorcht. In seinen Schatten, in seinen Dämmer tritt man ein. Er hat den Vorsitz über die anderen, er vertritt sie."

Hochgottglaube, Henotheismus und Nagualismus

Als die franziskanischen Missionare in ihrem Religionsgespräch mit aztekischen Adligen und Priestern den monotheistischen Gottesbegriff des Christentums verkündeten, da ließen sie ihn, der intentionellen Akkomodation ihrer Botschaftsrede entsprechend, durch mehrere aztekische Begriffe verdolmetschen, so auch durch Tloque Navaque, was als „allgegenwärtiger Gott" zu verstehen ist. Die Azteken, von denen sie Unkenntnis des einzig wahren Gottes vermuteten, entgegneten darauf mit Entrüstung[11]: „Ihr sagtet, daß wir nicht kennen Tloque Navaque, den Herrn des Himmels und der Erde ... Es ist ein neues, unerhörtes Wort, das ihr sprachet, und darüber sind wir bestürzt, daran nehmen wir Ärgernis."

Die beiderseitige Haltung war verständlich. Wie Cortés, so nahmen die Franziskaner Anstoß an der augenfälligen Verehrung einer Vielzahl von Gottheiten, an der Existenz eines polytheistischen Pantheons. Tatsächlich jedoch verehrten die Azteken bereits in ihrer eigenen Religion einen Hochgott, einen über den polytheistischen Numina stehenden himmlischen Herrn, dessen Allgegenwart sie in ihren Gesängen priesen[12]:

[10] Leonhard Schultze Jena, Gliederung des alt-aztekischen Volks in Familie, Stand und Beruf, Stuttgart 1952, S. 33.

[11] Walter Lehmann, Sterbende Götter und christliche Heilsbotschaft. Wechselreden indianischer Vornehmer und spanischer Glaubensapostel in Mexiko 1524, Stuttgart 1949, S. 102. – Hans Wißmann, Sind doch die Götter auch gestorben. Das Religionsgespräch der Franziskaner mit den Azteken von 1524, Gütersloh 1981, S. 80.

[12] G. Lanczkowski, Früh-welkende Blumen. Aztekische Gesänge, Freiburg i. Br. 1983, S. 21.

Im Himmel lebst du,
die Berge trägst du auf deinen Armen,
diese Erde ruht in deinen Händen.
Überall und immer wirst du erwartet,
wirst du angerufen, angebetet,
sucht man deine Ehre, deinen Ruhm.
Im Himmel lebst du,
die Erde ruht in deinen Händen.

Zu dieser Verehrung eines Höchsten Wesens steht nicht im Widerspruch, daß gelegentlich von zwei obersten Gottheiten des Himmels die Rede ist. Ihre Namen wurden auf Überlieferungen der Tolteken zurückgeführt, von denen Sahagún berichtet[13]: „Das wußten sie: es gibt vielfach Himmel; sie sagten: es sind zwölf in Wahrheit. Dort ist, dort lebt der wahre Gott samt seiner Gemahlin, der Himmelsfürst namens Ometecutli und seine Gemahlin namens Omeciuatl, die Himmelsfrau."

Für diese Konzeption eines göttlichen Paares, des „Herrn der Zweiheit" und der „Frau der Zweiheit", sind sicher nicht in erster Linie Analogien zu menschlichen Verhältnissen bestimmend gewesen. Offensichtlich handelte es sich vielmehr um die vergeistigtere Vorstellung, daß die Fülle der Gottheit nur in der Kombination zweier personaler Möglichkeiten, in einem komplementären Dualismus, Ausdruck finden könne.[14] Dann erscheint dem Gläubigen die Gottheit zugleich als Vater und Mutter und damit letztlich als personale Einheit, so, wie es ein aztekisches Gedicht deutlich erkennen läßt[15]:

Mutter der Götter, Vater der Götter, alter Gott,
inmitten der Erde bist du,
von Edelsteinen umgeben,
in blaufarbenen Gewässern, zwischen den Wolken
und im Meer, du alter Gott,
Herr des Türkises.

Dieser Hochgott Alt-Mexikos wurde mit Bezeichnungen wie „alleiniger Gott" *(icel teotl)* und „alter Gott", was auf frühzeitliche, uranfängliche Verehrung hinweist, aus der Fülle polytheistischer Gottheiten herausgenommen und als wirklicher Gott charakterisiert.

Es ist auffällig, daß derartige und sinnverwandte Prädikate, die eigentlich nur einem einzigen Gott zukommen können, auf mehrere Götter

[13] Sahagún-Seler, S. 394 f.

[14] Vgl. G. Lanczkowski, Art. „Dualismus", in: Theologische Realenzyklopädie, Bd. 9 (1982), S. 199 f.

[15] A. a. O. (Anm. 12), S. 22.

Abb. 5: Ometecutli und Omeciuatl setzen die Seele eines Menschen in dessen noch leblosen Kopf.

übertragen wurden. Das trifft vor allem für den „rauchenden Spiegel" zu, für Tezcatlipoca, der ein „richtiger Gott" *(vel teotl)* genannt wurde[16]:

Dieser Tezcatlipoca wurde als ein richtiger Gott angesehen.
Er wohnte überall, in der Unterwelt, auf der Erde und
im Himmel.
Wenn er auf der Erde weilte, erweckte er Mißhelligkeiten
und Zwietracht und brachte Unglück auf die Leute,
er drängte sich zwischen die Leute;
darum wurde er „nach beiden Seiten Feind" genannt.
Alles Böse, was über die Menschen kam, schuf er, brachte es
herab, ließ er ankommen, ließ er die Menschen empfangen.
Er trieb sein Spiel mit den Leuten.
Und bisweilen gab er den Leuten
Reichtum und Habe,
Kriegerrang, Häuptlingsrang,
Fürstenrang, Königswürde,
Prinzenrang, Ehrenstellung.

[16] Sahagún-Seler, S. 2.

Der Text läßt erkennen, daß es sich um einen Trickster, ein völlig unberechenbares, gegenüber den Menschen willkürlich verfahrendes Numen handelte, das als „richtiger Gott“ angesehen und verehrt wurde.

In vergleichbarer Weise wurde auch der „Herr des Türkises“, der alte Feuergott Xiuhtecutli, der den Beinamen Motecuçoma, „der zornige Herr“, trug, als alter Gott *(ueue teotl)* und als „unser Vater“ *(tota)* bezeichnet und damit deutlich über niedere Numina des polytheistischen Pantheons erhoben. Auch sein Wesen wird als ambivalent geschildert, was hier als Ausdruck für seine Machtfülle verstanden werden kann[17]:

> Den Herrn des Türkises, den Gelbgesichtigen und die
> heilige Flamme,
> so nennt man das Feuer,
> oder den alten Gott und unseren Vater.
> Er wurde für einen Gott angesehen,
> weil er die Leute verbrennt, in Flammen setzt,
> sie versengt, die Felder verbrennt –
> und in vielerlei Art wohltätig ist:
> man wärmt sich an ihm, kocht mit ihm,
> schmort mit ihm, brät mit ihm,
> dickt mit ihm die Salzsole ein, brennt sich mit ihm
> etwas trocken,
> brennt mit ihm Kohlen, brennt mit ihm Kalk ...

Die Erfahrung und nahezu monotheistische Anerkennung der überwertigen Größe eines bestimmten Gottes ist in polytheistischen Systemen eine Erscheinung, die wir mit *Henotheismus* bezeichnen. Dieser Henotheismus bezog sich in Mexiko auch auf den Gott Quetzalcoatl. Ihn erkennt ein aztekischer Sänger, wahrscheinlich in einer Theophanie, als alleinigen, und er bricht aus in die Worte[18]:

> O du, du bist der Himmelsgott, der Gott schlechthin.

Das geschah vielleicht in spontaner Einmaligkeit. Andere Texte, vor allem die vorausgestellten über Tezcatlipoca und Xiuhtecutli, lassen jedoch auf ein bleibendes Glaubensbekenntnis schließen. Wenn damit verschiedene Gottheiten in henotheistischer Weise über das polytheistische Pantheon gestellt werden, so haben wir vermutlich, ohne dies durch Texte belegen zu können, mit theologischen Aussagen unterschiedlicher Priesterschulen zu rechnen.

In anderen Fällen handelt es sich um die vorrangige Verehrung des Son-

[17] A. a. O. (Anm. 16), S. 10f.

[18] Leonhard Schultze Jena, Alt-aztekische Gesänge, Stuttgart 1957, S. 96f.

dergottes einer bestimmten Gruppe. Dies ist der Fall bei Yacatecutli, dem „Herrn an der Spitze“, der von den weitreisenden Kaufleuten nahezu monotheistisch verehrt wurde.[19] Diese aztekischen Großkaufleute, die sich sehr entschieden und standesbewußt von den Lokalhändlern auf den städtischen Märkten unterschieden, erfüllten einen höchst angesehenen Beruf, der von den letzten Königen Mexikos eindeutig gefördert und mit Privilegien versehen wurde.[20] Sie erfüllten auf ihren karawanenähnlichen Zügen nicht allein merkantile Aufgaben, sondern auch diplomatische Missionen, politische Erkundigungen sowie die Anfertigung von Landkarten auswärtiger Gebiete. Ihr Sondergott war Yacatecutli, der, symbolisiert durch einen Bambus-Wanderstab, als „Herr an der Spitze“ bei ihren Reisen vorangetragen wurde[21]:

> „Der Herr an der Spitze“
> war der Gott der Kaufleute.
> Sie verehrten ihn sehr,
> sie bekleideten mit Papier seinen Stab,
> seinen Bambus-Wanderstab,
> mit dem sie wanderten.
> Wo sie schlafen wollten, stellten sie ihn auf,
> vor ihm dienten sie ihm (dem Gotte),
> stachen sich (entzogen sich Blut),
> brachten ihm Kopal dar,
> beteten zu ihrem Gotte Yacatecutli,
> baten ihn, flehten zu ihm um seine Gunst.

Der Stab Yacatecutlis spielte auch nach der Rückkehr von der Reise eine religiös zentrale Rolle. Dies ist einem Text zu entnehmen, der beschreibt, was die Kaufleute tun, „nachdem sie“, wie es in offenbar poetisch gemeinter Formulierung heißt,[22] „nach Hause gekommen waren, nachdem sie ihre Umkehr und Heimkehr veranstaltet hatten, in die unmittelbare Nähe ihrer Heimat gelangt waren, ihr Fuß die Erdaufschüttungen (der heimatlichen Tempel und Paläste) wieder betreten hatte“. Im Zusammenhang dieses Textes heißt es: „Sehr verehren sie seinen Stab, den Wanderstab Yacatecutlis, irgendwo in ihrem Tempel stellen sie ihn auf, ihm bringen sie zuerst Opfergaben. Wenn sie Leute zum Essen einladen, bringen sie ihm Opfergaben, immer wenn sie essen.“

[19] G. Lanczkowski, Die religiöse Stellung der aztekischen Großkaufleute, in: Saeculum 13 (1962), S. 346–362.

[20] Friedrich Katz, Die sozialökonomischen Verhältnisse bei den Azteken im 15. und 16. Jahrhundert, Berlin 1956, S. 68ff.

[21] Sahagún-Seler, S. 20f.

[22] Sahagún-Seler, S. 22f.

Das religiöse Erlebnis der Gegenwart des Gottes Yacatecutli gerade in einem Wanderstab unterstreicht zweifellos den Charakter Yacatecutlis als eines Sondergottes der Reise und der reisenden Kaufleute. Es ist aber zugleich auch ein weiteres Zeugnis für Henotheismus und damit letztlich für monotheistische Intentionen der aztekischen Religion, wie sie von Josef Haekel in einem höchst beachtenswerten Aufsatz herausgestellt wurden.[23]

Einen – gescheiterten – Versuch, den Polytheismus des alten Mexiko völlig zu überwinden, unternahm Nezahualcoyotl, der „fastende Coyote", der von 1431 bis 1472 als Fürst in der Mexiko benachbarten Stadt Tetzcoco herrschte und dem alleinigen Gott eine Tempelpyramide bauen ließ.[24] Über seine religiösen Intentionen berichtete sein Nachkomme Ixtlilxochitl in seiner ›Historia Chichineca‹[25]: „Als Dank für die große Gunst, die der König (Nezahualcoyotl) von dem unbekannten Gotte, dem Schöpfer aller Dinge, empfangen hatte, baute er ihm einen prächtigen Tempel ... Er war über dem Fundament eines sehr alten Turmes erbaut und besaß neun Stockwerke, die die neun Himmel bezeichneten." Die Musikinstrumente im Innern des Tempels „erklangen viermal an jedem Tage, zu der Zeit, an der, wie berichtet wird, der König betete, bei Sonnenaufgang, mittags, bei Sonnenuntergang und um Mitternacht".

„Er (Nezahualcoyotl) hielt die Götter des Landes für die Feinde des Menschengeschlechtes und war ständig auf der Suche nach dem offenbarenden Licht, um sich über den wahrhaftigen Gott und den Schöpfer aller Dinge Klarheit zu verschaffen. So sagte er, daß es eine Sonne gäbe, die über den neun Himmeln keine zweite neben sich habe und der Schöpfer und Erhalter aller Dinge sei ... Gar viele Male pflegte er seine Söhne zu ermahnen, sie möchten nur zum äußeren Schein diese Götzenbilder anbeten, durch die der Dämon sie zu täuschen versuche. Zwar vermochte auch er nicht, die Menschenopfer nach mexikanischem Brauch ganz aufzuheben, aber es gelang ihm doch, sie weit herabzusetzen."

Unter den Gottheiten der Azteken nahmen Quetzalcoatl und Huitzilopochtli eine vorrangige Stellung ein. Für beide ist ein Ineinandergreifen der göttlichen und der menschlichen Sphäre und damit ein vor allem in

[23] Josef Haekel, Hochgott und Götter im alten Mexiko, in: Kairos (1959), S. 131–144.

[24] Walter Krickeberg, Bauform und Weltbild im alten Mexico, in: Mythe, Mensch und Umwelt, hrsg. von A. E. Jensen (Paideuma IV, 1950), S. 301.

[25] Don Fernando de Alva Ixtlilxochitl, Das Buch der Könige von Tezcuco, bearb. von H. G. Bonte, Leipzig 1930, S. 97, S. 108 f.

Altamerika verbreitetes religiöses Phänomen charakteristisch, das mit *Nagualismus* im ursprünglichen Sinn dieses Begriffes zu bezeichnen ist.[26] Bezeichnenderweise leitet sich dieser Terminus – über das spanische *nagual* – vom aztekischen *nahualli* ab, das „Verkleidung" und mystische Simultanexistenz bedeutet. Gemeint ist damit, daß einzelne Menschen, die eine religiös herausragende Stellung einnehmen und meist Priester sind, sich so weit mit dem von ihnen verehrten Gott identifizieren, daß ihre Vita in dessen Mythos Eingang findet. Ohne diese Alter-ego-Idee wären einige textliche Aussagen über Quetzalcoatl und Huitzilopochtli unverständlich.[27]

Eine Textstelle, die sich in der Überlieferung Sahagúns findet, bezeugt für Quetzalcoatl sehr deutlich dieses Ineinandergreifen der göttlichen und der menschlichen Sphäre. Es heißt dort von den Tolteken, dem Volke Quetzalcoatls[28]: „Gar fromm waren sie; denn nur einem als ihrem Gotte waren sie ergeben, den sie anriefen, den sie verehrten, namens Quetzalcoatl. Ihr Priester war, ihr Gotteshüter, ebenfalls nur einer namens Quetzalcoatl. Und dieser Quetzalcoatl war sehr fromm. Was Quetzalcoatl zu den Priestern sagte, das taten sie genau. Nicht sündigten sie; denn er sprach zu ihnen, er erklärte ihnen: es ist nur ein Gott namens Quetzalcoatl ... Und im folgenden sehr in jeder Weise glaubten sie an ihren Priester Quetzalcoatl. Und in folgender Weise sehr gehorsam waren sie, in folgender Weise sehr dem Göttlichen hingegeben und sehr gottesfürchtig waren sie: denn alle gehorchten ihm, alle glaubten an Quetzalcoatl."

Dieser Text läßt sehr deutlich die sukzessive Identifizierung, die nagualistische Vereinigung des Gottes Quetzalcoatl mit seinem namensgleichen Priester erkennen, indem er die anfängliche Unterscheidung des göttlichen vom menschlichen Namensträger zunehmend aufhebt.

Quetzalcoatl ist nicht die einzige Erscheinung der mexikanischen Religionsgeschichte, bei der die menschliche und die göttliche Sphäre in einer äußerst engen Beziehung zueinander stehen. Von Huitzilopochtli, dem eigentlichen Stammesgott der Azteken, und von seinem Priester wird durchaus Entsprechendes überliefert innerhalb jener Darstellung, die das aztekische Geschichtswerk des Chimalpahin von den frühen Wan-

[26] G. Lanczkowski, Art. „Nagualismus", in: Historisches Wörterbuch der Philosophie, Bd. 6 (1984), S. 356f. – Für spätere Übertragungen des Begriffs auf magische Praktiken von Geheimbünden vgl. George Foster, Nagualism in Mexico and Guatemala, in: Acta Americana 2 (1944), S. 85–103.

[27] Vgl. Josef Haekel, Die Vorstellung zum Zweiten Ich in den amerikanischen Hochkulturen, in: Wiener Beiträge zur Kulturgeschichte und Linguistik 9 (1952), S. 124–188.

[28] Sahagún-Seler, S. 396.

derungen der Azteken bietet. Es heißt dort[29]: „Ihr Führer war der namens Huitzilopochtli, der große Hüter des Dämons, der Diener des großen Dämons, des Schreckensgottes; der sprach ganz leibhaftig mit ihm, dem zeigte sich der (Gott) Huitzilopochtli, so daß er (der Hüter des Gottes) sich später als sein Abbild an dessen Stelle setzte, (an die Stelle) des Schreckengottes. Darum wurde er (der Hüter des Gottes) einfach Huitzilopochtli genannt."

Der priesterliche Namensträger wird hier als *ixiptlatli* bezeichnet[30], als „Abbild" des Gottes, und dieser Aussage liegt ein sehr realistischer und augenfälliger Vollzug der Identifizierung mit dem Gotte zugrunde. Ganz offensichtlich handelt es sich darum, daß sich der Priester mit dem Namen des Gottes auch zugleich dessen Tracht zulegt. Von Quetzalcoatl berichtet ausdrücklich die ›Geschichte der Königreiche von Colhuacan und Mexico‹, daß er als seine Verkleidung Federschmuck und Türkisschlangenmaske anlegte, mithin alte Symbole der himmlischen und lebenspendenden numinosen Macht.[31] Bedenkt man, daß die ursprüngliche Bedeutung von Verkleidung und Maske nicht Verhüllung, sondern Offenbarung und Identifikation des Maskenträgers mit der dargestellten Person ist,[32] so wird deutlich, daß Quetzalcoatl mit seiner Verkleidung seine mystische Simultanexistenz mit dem von ihm bekannten und verkündeten Gott zum Ausdruck brachte.

Das sinngebende Motiv dieser nagualistischen Vorstellungen, die für das alte Mexiko charakteristisch waren, wird in der irdischen Gegenwart und menschlichen Nähe der Gottheit zu suchen sein, wie sie durch ihren Repräsentanten gegeben war. Daß dieser damit eine numinose Legitimation und eine ihr entsprechende Macht gewann, ist deutlich. So galt der aztekische Herrscher, durch seine Gewänder deutlich erkennbar, im Frieden als Repräsentant des Feuergottes Xiuhtecutli und im Kriege als solcher des Gottes Xipetotec.[33]

Nagualistische Vorstellungen waren im alten Mexiko nicht auf den aztekischen Bereich begrenzt. Die von den Azteken niemals unterwor-

[29] Chimalpahin, S. 32f.

[30] Zum Begriff *ixiptlatli* vgl. Arild Hvidtfeldt, Teotl and Ixiptlatli. Some Central Conceptions in Ancient Mexican Religion, Kopenhagen 1958.

[31] Walter Lehmann, Die Geschichte der Königreiche von Colhuacan und Mexico, Stuttgart 1938, S. 83.

[32] C. J. Bleeker, Die Maske: Verhüllung oder Offenbarung?, in: Bleeker, The Sacred Bridge. Researches into the Nature and Structure of Religions, Leiden 1963, S. 236–249.

[33] Walter Krickeberg, Altmexikanische Kulturen, Berlin 1956, S. 119.

fenen Zapoteken verehrten in ihrer Stadt Mitla ihren Oberpriester Uija-tao, den „großen Seher“, den der Altamerikanist Eduard Seler „als eine lebendige Inkarnation“ Quetzalcoatls angesprochen hat.[34] Dieser Oberpriester Uija-tao wurde von den Zapoteken als Bild der Gottheit angesehen und als Verkünder göttlichen Willens respektiert.

Polytheistische Numina

In Teotihuacan, jener Stadt, mit deren Namen die erste kulturelle Blütezeit Mexikos im 3. Jahrhundert n. Chr. verbunden ist, haben die bei Grabungen zutage gekommenen Wandgemälde und figürlichen Darstellungen die frühe Verehrung eines Regengottes bezeugt. Das Bekenntnis zu diesem für die Vegetation des Landes so äußerst wichtigen Numen hat sich bis in die aztekische Zeit fortgesetzt und galt in ihr, wenn auch nicht ausschließlich, so doch in erster Linie dem Gotte Tlaloc.

Vielleicht deutet bereits sein Name auf seine lebenspendende Funktion; denn er kann als „Rauschtrank der Erde“ und damit als belebende Macht verstanden werden. Diese Förderung der vegetativen Fruchtbarkeit hebt auch ein aztekischer Text hervor[35]: „Er war bekannt als der Gott, dem man den Regen zuschrieb, das Wasser, das, wie sie sagten, hervorbringt, was wir essen, war wir trinken, das Eßbare, das Trinkbare, das wodurch wir sind, das wodurch wir leben, unser Abendessen, unser Frühstück, unsere alltägliche Wollkleidung, unseren Leib – Alles was in der Regenzeit wächst, was keimt, was ausschlägt: Das Gemüse, die Kürbisgewächse, die Bohnen, die Agaven, die Feigendisteln und andere, nicht eßbare Dinge, die Blumen und die Gräser.“

An anderer Stelle wird über Tlaloc ausgesagt[36]: „Dem Regengott, dem Regenpriester wurde der Regen zugeschrieben. Er schuf, ließ herabkommen, streute aus den Regen und den Hagel, – ließ aufblühen, aufsprossen, grün werden, aufplatzen, wachsen die Bäume, das Gras, den Mais. Und ferner wurde ihm zugeschrieben das Ertränken der Leute im Wasser und das Erschlagen mit dem Blitz.“

Diese Aussagen sind in zweifacher Weise aufschlußreich. Einmal könnte die Bezeichnung des Gottes als „Regenpriester“ darauf schließen

[34] Eduard Seler, Gesammelte Abhandlungen zur Amerikanischen Sprach- und Altertumskunde, Bd. 2, Berlin 1904, Nachdruck Graz 1960, S. 345.

[35] Leonhard Schultze Jena, Wahrsagerei, Himmelskunde und Kalender der alten Azteken, Stuttgart 1950, S. 49.

[36] Sahagún-Seler, S. 3.

lassen, daß auch hier ursprünglich nagualistische Vorstellungen eine Rolle spielten. Wichtiger noch ist die klare Auskunft über die ambivalente Natur des Gottes, über seine segensreiche, aber auch unheilvolle Wirksamkeit.

Zum Ausdruck kam dieser Doppelaspekt auch in einer Vorstellung, die mit dem Wohnort des Tlaloc verbunden war, dem auf den Gipfeln wolkenverhangener Berge lokalisierten Reich Tlalocan.

Dort standen im Vorhof eines Palastes vier Krüge mit verschiedenen Arten von Regen. Ihr Inhalt, der wohltätig, aber auch unheilvoll sein konnte, wurde verteilt von den Gehilfen des Gottes Tlaloc, zwergenhaft klein vorgestellten Regengöttern, die den Namen des Tlaloc trugen und daher im Plural die Tlaloque hießen. Über sie wird berichtet[37]: „Ihnen wurden die Wolken zugeschrieben, der Regen, der Hagel, der Schnee, der Nebel, der Blitz, der Donner und der Schlag, den sie einem versetzen."

Es herrschte die Vorstellung, daß die Tlaloque den Donner erzeugten, indem sie mit Ruten an die in Tlalocan aufgestellten Wasserkrüge schlugen.

Der ambivalente Charakter des Tlaloc ist auch kennzeichnend für seine Gemahlin Chalchihuitlicue, „die mit dem Grünedelstein-Hüfttuch". Aber es überwiegt bei ihr der Aspekt der zerstörerischen und vernichtenden Macht des Wassers. Zwar wird über sie einerseits ausgesagt[38]: „Durch sie leben wir, sie ermöglicht unser Leben, und durch sie reifen alle Lebensmittel."

Aber weitaus ausführlicher schildert der gleiche Text ihre unheilvolle Macht[39]: „Die mit dem Grünedelstein-Hüfttuch, das ist das Wasser. Es wurde für eine Gottheit angesehen. Sie bildeten es in Gestalt einer Frau ab. Wie man sagte, wurde sie zu den Regengöttern gerechnet, die ältere Schwester der Regengötter. Darum wurde sie geehrt und gefürchtet – darum gefürchtet, weil sie mit Wasser überschwemmte, im Wasser tötete, im Wasser versenkte. Sie läßt das Wasser aufschäumen, anschwellen, Schwellen und Strudel bilden, zieht damit die Menschen in den Abgrund. Die Schiffe bringt sie zum Kentern, macht die Oberseite zur Unterseite und richtet sie auf, bringt sie an die Oberfläche des Wassers, versenkt sie im Wasser. Und bisweilen überflutet es die Menschen, ertränkt es die Menschen, erhebt sich in Wellenkämmen, braust, donnert, prasselt, ist im Sturm erregt."

37 A. a. O. (Anm. 35), S. 51.
38 Sahagún-Seler, S. 10.
39 Sahagún-Seler, S. 8f.

Die Bedeutung des Regens für das heiße, sonnendurchglühte Land kam in der Verehrung einer Mehrzahl von Regengöttern zum Ausdruck. Zu ihnen zählten die Tepictoton, zwergenhaft kleine Berggötter, die deshalb als Erzeuger des Regens galten, weil sich dessen Wolken an den Gipfeln ihrer Berge sammelten. Diese Tepictoton wurden auch bildlich dargestellt und in Gefahren angerufen, die mit dem Wasser in Verbindung gesehen wurden[40]: „Wenn einer gichtbrüchig oder gelähmt war, steif oder gelähmt war, oder wenn einer in Gefahr war zu ertrinken, im Winde die Wogen sich erhoben, dann gelobte er, Berggötter zu formen."

Als ein Vertreter des Regengottes galt Opochtli, „der Linke" – und das bedeutet, da bei der aztekischen Orientierung von Osten nach Westen der Süden links lag, zugleich „der Südliche". In Verbindung mit dem Wasser war dieser Gott der Patron des Fischfanges; auch die Jagd auf Vögel unterstand ihm[41]: „Dieser Opochtli spielte die Rolle des Regengottes (trat für ihn ein). Er war der Gott der am Wasser lebenden Leute, den sie als ihren Gott verehrten ... Denn seine Erfindung war es, er brachte es an den Tag, er wies es den Leuten, das Netz, das Wurfbrett, den Vogelspeer, das Ruder, die Fallen."

Zu den Regen- und Wassergottheiten wurde auch Nappatecutli gerechnet, „der vierfache Herr", für dessen Namen eine Erklärung fehlt. Überliefert ist aber, daß er durch einen Sklaven repräsentiert wurde, den man jeweils nach Beendigung eines Jahres opferte[42]: „Ein anderer tritt in der Rolle des Gottes auf, ein Sklave, den sie in jedem Jahre opferten."

Unter den Gottheiten, die als numinose Mächte bestimmter Pflanzen galten, besaß Cinteotl als Herr der vornehmsten Kulturpflanze Altamerikas, des Maises, eine vorrangige Stellung. Dieser „Maisgott" wurde oft mit dem „Blumenprinz" Xochipilli identifiziert, einem jugendlichen Gott, der außer Blumen auch aufsprießenden Mais schützte und als Sohn der Xochiquetzal, der „aufrechtstehenden Blume", angesehen wurde, einer Herrin der Blumen, die auch Göttin der Jugend und der Liebe war.

Unter den weiblichen Gottheiten des Maises stand Chicome coatl, „Sieben Schlange", an erster Stelle. Die Gewährsleute des Sahagúm berichteten über sie[43]: „Sie ist der Inbegriff der menschlichen Nahrung, das heißt gleichsam unser Fleisch, unser Unterhalt, wovon wir leben, womit wir großgezogen werden. Wenn sie nicht wäre, würden wir Hungers sterben ... Und es wird gesagt, sie, die Göttin Chicome coatl, schafft alle

[40] A. a. O., S. 27.
[41] A. a. O., S. 18.
[42] A. a. O., S. 25.
[43] A. a. O., S. 88f.

Arten von Nahrungsmitteln, den weißen Mais, den gelben Mais, ... die Doppelmaiskolben und die vielgespaltenen Kolben, die jungen Maiskolben und die halbreifen Maiskolben."

Die Agave, aus deren Saft der Pulque-Rauschtrank gewonnen wurde, unterstand der Göttin Mayahuel, die das Wachstum dieser Pflanze schützte und ihr Gedeihen förderte.

Unter König Axayacatl (1469–1483) hatten die Azteken in ihr Pantheon einen Gott benachbarter Stämme des Küstenlandes, vor allem der Zapoteken, aufgenommen, der nicht mit bestimmten Pflanzen, sondern generell mit dem Schutz der jungen Saat in Verbindung stand. Die Azteken nannten diesen Gott Xipetotec, was „unser geschundener Herr" bedeutet. Das verweist bereits auf den Ritus, der zur Zeit der ersten Aussaat als ein Vorfrühlingsfest im Dienste des Gottes vollzogen wurde. Dieses Fest hieß „Menschenschinden" – Tlacaxipehualiztli.

Der rituelle Vollzug des Festes symbolisierte in höchst realistischer Weise die Bekleidung der Erde mit einer neuen Vegetation. Geopferten Gefangenen und Sklaven zog man die Haut ab und bekleidete damit die Xipeme, die irdischen Vertreter des Gottes, die offenbar aus Freiwilligen bestanden, die an Augenleiden oder eiternden Krankheiten litten. Über sie erfahren wir[44]: „Alle tragen sie die Haut, triefend von Fett, rieselnd von Blut, über und über besudelt, daß die ihnen Folgenden darüber erschrecken."

Unter den astralen Numina nahm Tonatiuh, der Sonnengott und Herr des Tages, die erste Stelle ein. Ihm wurden tägliche Weihrauch-Brandopfer dargebracht und außerdem auch Menschenopfer, denen die Vorstellung zugrunde lag, der Gott, der auf seiner nächtlichen Unterweltsfahrt zum Skelett abgemagert sei, müsse aus dem Blut menschlicher Herzen neue Kraft schöpfen. Offensichtlich wurde die ständige Gefahr eines Versagens der Sonne befürchtet, und deshalb erregten Sonnenfinsternisse allgemeine Verwirrung[45]: „Darüber gerieten die Leute gleich außer sich, entflammten sich, man ging hoch, man kam in Verwirrung, man fürchtete sich, man beweinte sich selbst. Heiße Tränen vergossen die Hörigen. Man stieß Schreie aus, heulte laut heraus. Die Volksmenge lärmte, lärmte in einem fort; alles schrie, überallhin breitete das Geschrei sich aus."

Als Mondwesen galten die Centzon totochtin, die „vierhundert Kaninchen", die deshalb zum Mond in Beziehung gesetzt wurden, weil die Azteken in den Mondflecken Kaninchen zu erkennen glaubten. Die Centzon totochtin galten gleichzeitig als Gottheiten des Pulque-Rauschtrankes.

[44] A. a. O., S. 19.

[45] Schultze Jena, Wahrsagerei, S. 33.

Eine Erdgöttin, die großes Ansehen genoß, wurde unter verschiedenen Namen verehrt. Ihre Bezeichnung als Teteo innan, als „Göttermutter", verweist auf eine universale Bedeutung. Speziell galt sie als Beschützerin des reifen Maises und aller Heilkräuter. Auch Medizinmänner und Hebammen unterstanden ihr, ferner die Besitzer von Schwitzbädern, denen, wie auch in der indianischen Zeit Nordamerikas, nicht nur die Erzielung therapeutischer Erfolge, sondern auch kultischer Reinheit zugeschrieben wurde.[46]

Auf ein vertrautes Verhältnis zu dieser Göttin läßt die Koseform Tonantzin, „unser Mütterchen", schließen. Und in der Erdgöttin Ciuacoatl, der „weiblichen Schlange" von Colhuacan, haben wir wohl eine lokale Sondergestalt dieser großen Göttermutter zu sehen.

Ihr Haupttheiligtum lag im damaligen See von Tetzcoco an einem Vorgebirge, das Tepeyacac, „an der Bergspitze", hieß. Es war mit der Stadt Mexiko durch einen Damm verbunden. Das in Tepeyacac in den Felsen gemeißelte Bild der Göttermutter überdauerte bis zur Mitte des 18. Jahrhunderts die Christianisierung der heidnischen Stätte.[47]

Gottesferne und Gottesnähe

Die als tiefes Leid empfundene Ferne der Gottheit und die Sehnsucht nach ihrer irdischen Vergegenwärtigung sind beherrschende Grundmotive aztekischer Religiosität, ohne deren Erkenntnis die Religion des alten Mexiko nur unvollständig und damit unzutreffend erfaßt würde. Die Schwermut der aztekischen Dichtung, die sich nicht nur am Einzelschicksal entzündet, sondern die menschliche Existenz generell betrifft, steht in den verschiedensten aztekischen Gesängen unter diesem Gedanken der Gottesferne und damit zugleich eines Verständnisses des Menschen als eines Verlorenen, als Fremdling in dieser Welt. In diesen Liedern, die vermutlich im kultischen Wechselgesang vorgetragen wurden, wird die Ferne des Hochgottes Ipalnemoa, dessen, „durch den man lebt", beklagt, und dies bedeutet zugleich, daß der Gott nicht mehr auf seiner Matte, seinem irdischen Thronsitz zu finden ist[48]: Was sagt Ipalnemoa?

[46] Werner Müller, Die Religionen der Indianervölker Nordamerikas, in: Krikkeberg, Trimborn, W. Müller und Zerries, Die Religionen des alten Amerika, Stuttgart 1961, S. 220, S. 258.

[47] Walter Krickeberg, Altmexikanische Kulturen, Berlin 1956, S. 181.

[48] Eliade und Lanczkowski, Geschichte der religiösen Ideen. Quellentexte,

Keinen Augenblick mehr ist der Gott auf seiner Matte. Er ist fortgegangen und hat euch als Waisen zurückgelassen.

Wir leben hier auf Erden in Trauer und Tränen. Schmücke dich mit Blumen der Trauer, mit Blumen der Tränen. Laß deine Seufzer anschwellen! Blumen und Stöhnen sollst du Ipalnemoa als Opfer darbringen.

Ist etwa hier auf Erden unser Heim? Nur wo ich elend bin und Trauer herrscht, leben wir. Wo soll ich hingehen, das Heim zu erreichen, wohin gehen, es zu erbitten?

O, ich habe den Rauschpilzwein getrunken, ich bin betrübt auf Erden, bin gar elend.

Mit Blumen und Tränen der Trauer ordne ich Sänger meine Worte zum Gesang.

Nur er ist der Allgegenwärtige. Daß ich doch dort mit ihnen, deinen Himmelsbewohnern, dir lobsänge! Ja, mein Herz blickt dorthin, wo du nahe bist, Ipalnemoa.

Ja, wenn meine Gedanken nicht mit Staub sich bedecken, werden sie wohl das Himmelswunder begreifen, dessen sich die Prachtvögel im Himmel vor dem Angesicht Ipalnemoas rühmen.

Der Hinweis auf die Prachtvögel im Himmel deutet eine der Möglichkeiten an, die die Azteken kannten, um der Nähe der Gottheit teilhaftig zu werden. Die zur Erde harabfliegenden Prachtvögel galten als Boten und Vertreter Ipalnemoas[49]:

Wo der Blütenbaum wurzelt, im Hause des Gottes, dort wo die Pracht-Maisblüte glänzend steht, findet der Vogel Çaquan sich ein, kommt der scheue Türkisquechol- und der Quetzal-Vogel an.

Zum bestimmten Ort kommt ihr aus der Fremde in diese Welt als Ipalnemoas glückliche Prunkvögel, als seine glücklichen Geschöpfe. Der Vogel Çaquan trifft ein, der scheue Türkisquechol- und der Quetzal-Vogel kommt an.

Die Türkis-Pracht-Blumen-Matte liegt ausgebreitet dort im Hause der Jahresbücher. Dort ruht der Gott, ruht und erwartet das Frühlicht. Dich wecken deine Prachtvögel, selbst der Türkisvogel ist da zur Zeit des Frühmorgengesanges.

Daß diese Vögel als Zeichen für die irdische Nähe des Hochgottes angesehen wurden, war nach aztekischer Anschauung nur zu verständlich. Denn es herrschte der Glaube, daß die Seelen im Kampf gefallener oder sakral geopferter Krieger, bei der Geburt verstorbener Frauen und in der Fremde verschiedener Großkaufleute als Prunkvögel im glücklichsten der Jenseitsorte, in einem himmlischen Paradies, dem Aufenthaltsbereich des Hochgottes, weiterlebten.

Freiburg i. Br. 1981, S. 27 (Textauswahl nach Schultze Jena, Alt-aztekische Gesänge, Stuttgart 1957).

[49] Schultze Jena, a. a. O. (Anm. 48), S. 89.

Die Sehnsucht nach der Nähe dieses Hochgottes äußerte sich in den Kultbauten der von Tempeln gekrönten Pyramiden, deren Stufengestalt den Aufstieg zur himmlischen Gottheit symbolisierte.

Der irdischen Realpräsenz ihrer Gottheiten glaubten die Azteken in verschiedenen Formen gewiß zu sein. Dazu gehörte einmal die nagualistische Verbindung der Gottheit mit ihrem irdischen Repräsentanten, wie sie charakteristisch war für Quetzalcoatl und Huitzilopochtli.

Ferner verwies die Verkleidung und mimische Darstellung eines Gottes auf den Glauben an eine mystische Simultanexistenz. In dieser Weise verkörperten die Xipeme den Gott Xipetotec, ebenso galt ein Sklave als Vertreter des Nappatecutli. Am ausführlichsten sind wir über diese numinose Repräsentanz bei dem fünften Jahresfest, dem Toxcatl, orientiert, an dem die kultische Theophanie den Gott Tezcatlipoca betraf[50]: „Das fünfte Fest ist das Toxcatl genannte. Es fand statt am 27. April.

Es hat seinen Ursprung genommen von dem großen Feste Tezcatlipocas, der dann geboren, dann aufgestellt wurde, weil in dieser Zeit geopfert wurde sein Abbild, das ein Jahr lang (als solches) gelebt hatte, und weil dann gleich ein anderes Abbild von ihm aufgestellt wurde, das ein anderes Jahr (als solches) zu leben bestimmt ist ... Wer zum Abbild ausgewählt wurde, an dem durfte kein Tadel sein ... Denn hochgeehrt wurde er, wenn er öffentlich als Abbild erklärt worden war, als Abbild Texcatlipocas. Er galt als unser göttlicher Herr, man erkannte ihn als Herrn an, man betete zu ihm unter Seufzen, man warf sich vor ihm auf die Erde, das Volk aß Erde vor ihm.

Und ein Jahr lang lebte er (als Abbild), am Feste Toxcatl wurde er öffentlich (zum Abbild) erklärt. Und wenn der eine geopfert wurde, der ein Jahr lang Abbild gewesen war, der ein Jahr lang das Volk des Weges geführt hatte ..., der ein Jahr lang regiert hatte, so wurde er sogleich ersetzt."

Neben dieser mimischen Repräsentanz einer Gottheit stand die rituelle Theophanie innerhalb eines kultischen Dramas. Bezeichnend hierfür war vor allem das im September zugleich als Erntefeier begangene Fest Teteo eco[51]. Der Name bedeutet „Die Götter kommen". Zugrunde lag die Vorstellung, daß die Götter Mexikos, die sich zwanzig Tage lang außerhalb der Stadt aufgehalten hätten, nunmehr in ihre Tempel zurückkehrten.

Ihre Ankunft wurde durch ein geheimnisvolles Zeichen kundgetan.

[50] Sahagún-Seler, S. 91ff.

[51] Sahagún-Seler, S. 185ff.

Der Ritus des Festes schrieb vor, aus Maismehl einen Ziegel zu formen: „Und man sagte, wenn die Götter kamen, so zerfiel das wie ein Ziegel geformte Maismehl." Darauf herrschte große Freude: „Der Hüter des Gottes ruft ihnen zu: ‚Der Herr hat geruht anzukommen!'" „Als das gehört wurde, erheben sich (die Priester) und machen sich daran, (ihre Muschelhörner) zu blasen. Es erfüllt das ganze Land. Da wußte man, die Götter sind angekommen. Und alles Volk geht nunmehr, man geht, nach dem Tempel Opfergaben zu bringen, nach den Tempeln der Götter."

Unter den Göttern wurden als letzte diejenigen erwartet, die seit früher Zeit im Hochtal von Mexiko verehrt wurden. Ihre späte Ankunft wurde auf ihr hohes Alter zurückgeführt: „Sie kamen als letzte, sie kamen später, sie kamen als letzte von allen, weil sie alte Götter waren."

Diese kultische Theophanie fand ihren Abschluß mit einem Brandopfer: „In dieser Zeit da fing das Menschen-in-das-Feuer-Werfen an. Viele warf man in das Feuer von den armen Gefangenen."

Eine kultische Theophanie stand ebenfalls im Mittelpunkt eines im November gefeierten Festes, das Panquetzaliztli, „Erheben der Fahnen", hieß, weil an ihm die Festteilnehmer mit Fahnen teilnahmen. Erwartet wurde hierbei das Erscheinen des Huitzilopochtli, das sein Bote Paynal, „der Eilende", nach einem Langstreckenlauf bei seiner Rückkehr zur Hauptpyramide Mexikos der wartenden Menge ankündigte[52]: „Und wenn der Späher gesehen hat, daß Paynal nahe ist, so schreit er und ruft: ‚Mexikaner, er kommt schon. Es nähert sich schon der Herr!'"

Paynal bestieg dann die Hauptpyramide Mexikos, um ein Abbild Huitzilopochtlis zu holen und es dem wartenden Volk zu zeigen[53]: „Darauf kommt Paynal herunter. Und das Abbild Huitzilopochtlis, sehr eilig kommt er mit ihm."

Eine Nachfeier dieses Festes wurde mit kultischem Weingenuß begangen[54]: „Am anderen Tag wurde Wein getrunken und die Nachfeier des Festes abgehalten. Der Wein, der getrunken wurde, hieß blauer Wein. Alle, die alten Männer, die alten Frauen und die Häuptlinge von Adel und die Fürsten von Geblüt tranken Wein."

Der Text nennt die altersmäßige und soziale Stellung derer, denen die sehr strengen Gebote der Azteken Alkoholgenuß gestatteten. Der Berichterstatter des Sahagún fügt aber noch eine sehr realistische Beobachtung hinzu[55]: „Und die Bürgerlichen tranken auch Wein. Aber sie

[52] Sahagún-Seler, S. 211.
[53] Sahagún-Seler, S. 213.
[54] Sahagún-Seler, S. 214.
[55] A. a. O.

tranken ihn heimlich. Sie nahmen die Nacht zum Schutz, damit sie nicht gesehen wurden."

Das Menschenopfer

Das Menschenopfer *(tlacamictiliztli)*, das, wenn auch in ungleich geringerem Umfange, auch Maya und Inka vollzogen haben, steht in der Religion der Azteken in unversöhnlichem Gegensatz zu den sublimen religiösen Vorstellungen, die die Ferne der Gottheit als Leid empfanden und ihre Nähe ersehnten. Die geäußerte Vermutung, daß der Einfluß rivalisierender Priesterschulen greifbar sei, ist einleuchtend.[56] In dem militärisch orientierten Staat hat sich aber das Menschenopfer als eine Kultgepflogenheit durchgesetzt, an deren Grausamkeit und Brutalität nicht zu zweifeln ist, wenn auch in den Berichten aus den Tagen der Conquista die Zahl der sakral Getöteten stark übertrieben sein mag; sie hätte in kurzer Zeit zur Entvölkerung ganzer Landstriche geführt.

Die Azteken haben die sakrale Menschentötung in den verschiedensten Formen des Herz-, Kampf-, Brand- und Pfeilopfers sowie des Köpfens vollzogen. Ihre Opfer waren dabei Sklaven und, in beträchtlichem Umfang, Kriegsgefangene. Zur Beschaffung derselben dienten den Turnieren vergleichbare Kämpfe, die die Azteken mit „Blumenkrieg" *(xochiyaoiotl)* bezeichneten. Diese Blumenkriege, deren periodische Veranstaltung mit benachbarten Stämmen vertraglich festgelegt wurde, sollten ausdrücklich weder territorialem Gewinn noch wirtschaftlicher Schädigung des Gegners dienen. Für ihre Motive ist ein Bericht aufschlußreich, den Diego Durán in seiner ›Historia de las Indias de Nueva España‹ über das Verhalten König Motecuçomas I. gibt[57]: „Als Grund, warum er nicht Tlaxcala und die anderen Provinzen unterwerfen wollte, gab dieser mächtige Herrscher denen, die ihn fragten, an, daß er sie bestehen ließ, damit seine Adligen zu Ehren kämen, damit man den Krieg nicht verlerne und um für die Nahrung der Götter zu sorgen."

Das an letzter Stelle genannte Motiv stand im Vordergrund des Blumenkriegs. Dessen mithin vornehmlich kultischen Anlaß hat der Altamerikanist Jacques Soustelle mit Recht abgegrenzt gegenüber der modernen Kriegführung und ihren Intentionen[58]: „Nichts wäre den alten Mexikanern unverständlicher und abscheulicher vorgekommen als die bezeich-

[56] Alfonso Caso, La Religión de los Aztecas, Mexico 1936, S. 8, S. 18.

[57] Diego Durán, Historia de las Indias de Nueva España I, Mexico 1867, S. 433.

[58] Jacques Soustelle, So lebten die Azteken am Vorabend der spanischen Eroberung, Stuttgart 1956, S. 256.

nenden Merkmale moderner Kriegsführung mit ihrer Menschenzerstörung, ihrer systematischen Ausrottung ganzer Völker und der Vernichtung und des Umsturzes von Staatsgebilden."

Damit ist freilich keine Rechtfertigung des aztekischen Menschenopfers verbunden. Um eine solche kann es sich auch keinesfalls handeln, sondern nur um den Versuch eines Verstehens aus indianischer Sicht in damaliger Zeit. Hierfür sind mehrere Fakten aufschlußreich.

Die Geopferten, die als Boten der Irdischen an die Gottheiten verstanden wurden,[59] waren den im Kriege Gefallenen gleichgestellt; beiden stand die Aufnahme in das Paradies des Sonnengottes bevor.

Das Blutopfer der sakralen Menschentötung muß im Zusammenhang gesehen werden mit der Vorstellung vom Blut als vornehmster Nahrung der Götter, einer Vorstellung, die auch den häufigen Kasteiungen zugrunde lag, bei denen sich vornehmlich die Priester Blut aus den Ohren, der Zunge oder den Waden entzogen.

Schließlich spielt die indianische Wertschätzung des leidenden, des passiven Helden, der sein Martyrium bejaht, eine bedeutsame Rolle. Zugang zu einem hypothetischen Verständnis dieser Haltung vermittelt wohl am besten ein Text, der nicht dem Bereich der Azteken, sondern dem der Maya entstammt. Es handelt sich um eines der sehr wenigen Theaterstücke, die aus indianischer Zeit überliefert sind. Der Titel lautet ›Rabinal Achi‹ – ›Der Mann von Rabinal‹[60].

Das Stück, dessen Aufführung später – in spanischer Zeit – mit der nur symbolischen Opferung eines Gefangenen beschlossen wurde, geht auf die tatsächliche Realistik einer vorspanischen Stammesfehde zurück. Der Sieger und der gefangene Gegner stehen sich gegenüber und beschuldigen sich gegenseitig in langatmigen Reden. Dabei ist es höchst aufschlußreich, daß der Unterlegene bewußt jede Möglichkeit außer acht läßt, durch versöhnliche Worte das ihm als Kriegsgefangenen bestimmte Schicksal der sakralen Opferung versuchsweise abzuwenden. Er ist vielmehr mit seinem Schicksal seltsam ausgesöhnt – und der Sieger ist dieser Haltung so sicher, daß er dem Besiegten vor dessen Tötung die Erlaubnis gibt, ohne Bewachung von seiner Heimat Abschied zu nehmen. Er weiß, daß der Gefangene freiwillig zurückkehren wird.

Die Worte, die der Besiegte nach seiner tatsächlichen Rückkehr und kurz vor seiner Opferung spricht, geben am ehesten Aufschluß über die zugrundeliegende indianische Haltung. Sie sind ein wehmütiger Ab-

[59] Eduard Seler, Gesammelte Abhandlungen, Bd. 4, S. 448.

[60] Deutsche Übersetzung: Erwin Walter Palm, Der Mann von Rabinal oder der Tod des Gefangenen. Tanzspiel der Maya-Quiché, Frankfurt a. M. 1961.

Tafel II: Gründung von Mexiko-Tenochtitlán.

schied von der Umwelt seines Lebens; aber sie enthalten am Schluß auch die ausdrückliche Aufforderung an die nach indianischer Weise als „Adler und Jaguare“ bezeichneten Krieger des siegreichen Gegners, ihr Werk der sakralen Tötung an ihm, dem Gefangenen, zu vollziehen. Der Besiegte sagt am Schluß des Spiels[61]: „Ich bin nicht fort, ich war nur gegangen, um Abschied zu nehmen vom Antlitz meiner Berge, vom Antlitz meiner Täler, wo ich auszog, um meinen Unterhalt, meine Nahrung zu suchen, nach den vier Enden der Welt, nach den vier Himmelsgegenden. Höre mich Himmel, höre mich Erde! Ich habe versucht, mir einen Weg zu machen, hier unter dem Himmel, einen Weg hier auf der Erde, indem ich das hohe Gras, indem ich das Dickicht teilte.

Höre mich Himmel, höre mich Erde! Soll ich nun wirklich hier sterben, hier unter dem Himmel, hier auf der Erde? So geht, ihr, mein Gold, mein Silber, ihr, Kinder meines Pfeils, ihr, Kinder meines Schilds ..., geht ihr in meine Berge, in meine Täler! Bringt die Nachricht von mir vor das Antlitz meines Herrn, meines Gebieters. Denn so spricht das Wort meines Herrn, meines Gebieters: ‚Es ist lange her, daß mein Mann ohne Angst, mein Mann, der ein Mann ist, auszog, um unseren Unterhalt, unsere Nahrung zu suchen.‘ So spricht das Wort meines Herrn, meines Gebieters. Er soll nicht weiter so sprechen, da ich auf nichts mehr warte als auf meinen Tod, mein Ende, hier unter dem Himmel, hier auf der Erde ...

Kommt denn, ihr Adler, ihr Jaguare, und tut euer Werk, tut, was euere Pflicht ist. Daß euere Klauen, daß eure Zähne mich sogleich töten; denn ich bin ein Mann ohne Angst, denn ich kam herab aus meinen Bergen, aus meinen Tälern. Seien Himmel und Erde mit euch, ihr Adler, ihr Jaguare!“

Der Schicksalsglaube

Die sehr enge Beziehung, die der aztekische Mensch zwischen seinem irdischen Geschick und einer jenseitigen Bestimmung empfand, kommt zum Ausdruck in dem Glauben an eine himmlische Herkunft der menschlichen Seele, die auf Willen und Wirken des Hochgottes Ometecutli zurückgeführt wurde[62]:

> Es hieß, dort im zwölften Himmel,
> wir, die wir Untertanen sind,
> von dort kommt unsere Seele, wenn sie sich niederläßt,

[61] A. a. O. (Anm. 60), S. 89 f.
[62] Sahagún-Seler, S. 395.

wenn niedertropfen die Kleinen,
von dort kommt her ihre Seele,
geht ein in den Leib,
sie sendet herab Ometecutli.

Auf die Geburt des Kindes folgte ein zeremonielles Bad, bei dem sich der Priester an die Wassergöttin Chalchiuhtlicue wandte[63]:

Gnädige Herrin Chalchiuhtlicue, dein hier anwesender Diener ist in diese Welt gekommen, gesendet von unserem Vater und unserer Mutter, von Ometecutli und Omeciuatl ... Wir wissen nicht, welche Gaben er mit sich bringt; wir wissen nicht, was ihm zugeteilt wurde vor Anbeginn der Welt, mit welchem verhüllten Schicksal er kommt. Wir wissen nicht, ob dieses Schicksal gut oder schlecht ist, auch nicht, zu welchem Ende ihn ein Unglück führen wird. Wir wissen nicht, welche Fehler oder Schwächen er von seinem Vater oder seiner Mutter geerbt haben mag. Sieh auf ihn zwischen deinen Händen! Wasche ihn und befreie ihn von Unreinheit, denn deiner Macht ist er unterworfen. Reinige ihn von Verunreinigung, die er von seinen Eltern empfangen hat; laß das Wasser Schmutz und Makel hinwegnehmen, und laß ihn befreit sein von aller Befleckung. Mag es dir, o Göttin, gefallen, daß sein Herz und sein Leben gereinigt seien, auf daß er in dieser Welt in Frieden und Weisheit lebe. Möge dieses Wasser alle Übel hinwegnehmen; deshalb ist dieses Kindchen in deine Hände gelegt, du, die du Mutter und Schwester der Götter bist und die du allein würdig bist, es zu besitzen und es zu geben und von ihm zu waschen das Böse, das es mit sich trägt seit vor Beginn der Welt. Geruhe zu tun, was wir bitten, wo jetzt dieses Kind bei dir ist.

Dem rituellen Bad, das von diesem Gebet begleitet wurde, war die Befragung eines kalenderkundigen Priesters vorausgegangen. Der Text, der darüber berichtet, bezieht sich auf einen männlichen Nachkommen, galt aber in analoger Weise auch für weibliche[64]: „Wer einen Knaben erzeugt hat, bringt ihn zu dem Kalenderkundigen. Und der befiehlt, an welchem Tage er getauft werden soll, unter welchem Kalenderzeichen; ein gutes Zeichen sucht er für das Kind. Und wenn er ein gutes Zeichen gefunden hat, befiehlt er, daß in diesem Zeichen das Kind getauft werden soll ... Und danach, noch im Morgendunkel, als die Sonne noch nicht aufgegangen war, hebt er weihend empor zur Sonne, nach der Richtung, von wo sie kommen wird. Und nachdem er weihend emporgehoben hat, tauft er das Kind ..."

Mit diesem Bericht, der die Bedeutung erkennen läßt, die die Azteken dem für die sakramentale Handlung bestimmten Tag beimaßen, ist auf

[63] Sahagún, Historia de las cosas de Nueva España, Mexico 1946, Buch VI, Kap. 12. – Vgl. Quellentexte, a. a. O. (Anm. 48), S. 204.

[64] Sahagún-Seler, S. 314f.

das ›tonalamatl‹, das ›Buch der Tage‹, verwiesen, auf den Weissagekalender, der gute oder auch unheilvolle Aspekte eines jeden Tages aufwies. Seine Voraussagen hatten jedoch kein unabdingbar terminiertes Schicksal, keine absolute Prädestination zum Inhalt. Denn einmal war der kalenderkundige Priester nicht unbedingt verpflichtet, den Tag der Geburt als Kalenderzeichen für das Kind zu wählen. Noch wesentlicher war es, daß die Aussagen des Weissagekalenders in Abhängigkeit gesehen wurden vom sittlichen Verhalten des Menschen. Deshalb stellten diese Voraussagen Antithesen dar, die von moralischen Gesichtspunkten bestimmt waren. Als Beispiel mögen die Angaben für das Tageszeichen 10 Kaninchen *(matlactli tochtli)* zitiert werden[65]: „Es heißt, daß wer an diesem Tage geboren wurde, ein großes Glückskind war, gut zuwege kam, ein frohes Leben auf Erden führte, d. h. er war kein kränkelndes Kind, blieb durchaus nicht zurück, war nicht zaghaft, aber auch nicht vorlaut. Er ist wohlgelitten, steht auf vertrautem Fuß mit den Leuten. Er gewinnt Ansehen, er wird mächtig. So wird er denn ein wohlhabender Mann, ein Ehrfurcht gebietender Mann; so wird er ein gnädiger Herr, der es bei den Leuten zu etwas bringt. So wird er auch tapfer und stark, ein grimmiger Kriegsmann, der den Feind hartnäckig verfolgt, der keine Furcht kennt. Und er ist geschickt, ist weitblickend, von scharfem Verstand ... er ist wohlunterrichtet, er spricht gut und faßt gut auf ... Er ist der Tränen fähig, ist mitleidig, er nimmt tiefen Anteil an den Menschen ...

Wenn es aber jemandem nicht so glückte, hieß es, daß er ja persönlich, er selbst eingestehen müsse, durch Laster die Gunst seines Tageszeichens sich verscherzt zu haben, weil er wahrscheinlich nicht so recht in sich gegangen war, wahrscheinlich nicht recht Buße getan hatte ...“

Die positiven Aussagen, die der augurische Kalender für dieses Tageszeichen enthält, verzeichnen menschliche Qualitäten, die die Hochschätzung der Azteken genossen und als entscheidend angesehen wurden für ein glückliches Schicksal. Diese Qualitäten bezogen sich keineswegs allein auf kriegerische Tapferkeit, sondern auch auf Verstandesschärfe, auf gutes Reden und auf die Fähigkeit zur mitleidvollen Anteilnahme am Geschick anderer.

Besonderen Wert legte die aztekische Moral auf die Harmonie des Lebens in der Großfamilie.[66] Auch die hierfür überlieferten Texte, die bis zum Verhalten der Urgroßeltern zurückreichen, sind antithetisch ge-

[65] Leonhard Schultze Jena, Wahrsagerei, S. 153 ff.

[66] Georg Höltker, Die Familie bei den Azteken in Altmexiko, in: Anthropos 25 (1930), S. 493 ff.

staltet und verweisen damit auf die moralischen Voraussetzungen für ein gutes oder schlechtes Geschick. So erfahren wir über den aufwachsenden Jüngling[67]: „Der Jüngling, dessen Herz gut ist, ist gehorsam, lebt fröhlich und still dahin, hilfsbereit und fleißig. Er gehorcht den Seinigen, er ist arbeitssam, er lebt keusch, klug und vorsichtig. Der schlechte Jüngling ist wie einer, der hirnverwirrendes Kraut ißt. Er ist liederlich, böswilligen Herzens, ein übler Spitzbube. Er führt einen ausschweifenden Lebenswandel und redet dauernd Albernheiten."

Der Text fährt fort mit einer Charakterisierung des jungen Mädchens: „Das junge Mädchen mit dem Herzen auf dem rechten Fleck ist zurückhaltend, geht nicht fremder Liebe nach, ist keusch und enthaltsam. Schön und gut lebt sie dahin mit hellem Herzen. Sie wahrt sich, hält auf ihre Ehre, liebt sich selbst genug, um zu wünschen, daß sie nicht verspottet werde. Das schlechte junge Mädchen gibt sich preis, gibt sich zu Ausschweifungen her, verkauft sich selbst, ist frech und herausfordernd. Sie ist voll Dünkel, Anmaßung und Torheit, immer darauf bedacht, sich aufzudonnern."

An der Spitze aller moralischen Verpflichtungen stand eine unbedingte Wahrheitsliebe. Dabei legten die Azteken an die führenden Schichten die strengsten Maßstäbe, weil diese dem niederen Volke Vorbilder sein sollten. So wurde die Ausbildung der Prinzen königlichen Geblütes zwar mit Kampfhandlungen abgeschlossen, in denen sie sich auf kriegerischem Gebiet zu bewähren hatten. Jedoch erstreckte sich diese Prüfung nicht allein auf Geschicklichkeit und Mut. Sie enthielt vielmehr auch eine Kontrolle der Aufrichtigkeit und Wahrheitsliebe der jungen Fürsten. Wenn sie lügnerische Erfolgsmeldungen vortrugen, ließ Motecuçoma sie töten.[68]

Das unabdingbare Ideal der Wahrhaftigkeit galt selbstverständlich auch für die andere privilegierte Schicht des Aztekenreiches, für die Priester. Uns sind die Regeln überliefert, nach denen sich das Leben im *calmecac* vollzog, dem „Priesterhause", das zugleich Schule und Ausbildungsstätte sowohl künftiger Priester als auch der Söhne des Adels war. Neben disziplinären, zeremoniellen und schulischen Anweisungen umfassen diese Regeln moralische Gebote, die in der Forderung einer unbedingten Wahrhaftigkeit gipfeln.

Neben der Lüge galten Trunksucht, Unzucht und Ehebruch als beson-

[67] Leonhard Schultze Jena, Gliederung des alt-aztekischen Volks in Familie, Stand und Beruf, Stuttgart 1952, S. 27.

[68] G. Lanczkowski, Wahrheit und Skepsis im aztekischen Denken, in: Numen 16 (1969), S. 40ff.

ders sündhaft. Doch konnten sowohl Bestrafungen als auch schicksalsbestimmende Folgen durch Beichten und auferlegte Bußhandlungen abgewehrt werden. Hierüber erfahren wir[69]: „Der Beichtvater spricht zu dem Büßer: ‚O Bruder, du bist zu einem Ort großer Gefahr gekommen ... du bist zu einem Ort gekommen, an dem Schlingen und Netze sich verstricken und aufeinander gehäuft sind, so daß niemand vorübergehen kann, ohne in sie zu fallen ... Dies sind deine Sünden, die nicht nur Schlingen und Netze und Löcher sind, in die du gefallen bist, sondern auch wilde Tiere, die den Körper und die Seele töten und zerreißen ... Als du erschaffen und hierher gesandt wurdest, da hat dich dein Vater und deine Mutter Quetzalcoatl wie einen Edelstein gemacht[70] ... Doch durch dein eigenes Wollen und Wählen wurdest du beschmutzt ... und jetzt hast du gebeichtet ... du hast alle deine Sünden aufgedeckt und offenkundig gemacht vor unserem Herrn, der alle Sünder beschützt und reinigt; und nimm das nicht zum Spott, denn in Wahrheit bist du in die Quelle der Gnade eingetreten, die wie klares Wasser ist, mit dem unser Herr Gott, der uns alle schützt und beschirmt, den Schmutz von deiner Seele hinwegwäscht ... Nun bist du aufs neue geboren, nun beginnst du zu leben; und eben jetzt gibt dir unser Herr Gott Licht und eine neue Sonne; jetzt also beginnst du zu blühen und aufzusprießen wie ein ganz reiner Edelstein, der hervorkommt aus deiner Mutter Schoß, wo du geschaffen wurdest ...

Es ist angemessen, daß du Buße tust und ein Jahr im Haus des Gottes arbeitest, und dort sollst du dir Blut abzapfen und deinen Körper mit Kaktusdornen stechen ... und dies nicht allein als Buße für deine schon erwähnten fleischlichen Sünden, sondern auch für Worte und Beleidigungen, mit denen du deine Nachbarn beschimpft und verletzt hast mit deiner bösen Zunge. Es wird deine Pflicht sein, Opferpapiere und Kopal zu opfern und auch Almosen zu geben für die Bedürftigen, die hungern und nichts haben, um zu essen, zu trinken und sich zu kleiden, damit du lernst, selbst Speise zu entbehren, um sie ihnen zu geben; und tue dein Bestes, jene zu kleiden, die nackt und in Lumpen umhergehen; bedenke, daß ihr Fleisch wie deines ist und daß sie Menschen sind wie du.‘“

Besondere Beichtgebote galten für Ehebrecher.[71] Sie konnten nur

[69] Laurette Séjourné, Burning Water, London 1957, S. 9f. (nach Sahagún); Quellentexte, S. 204f.

[70] Quetzalcoatl wird hier als elterliche Gottheit und als Schöpfer der Menschen angesprochen.

[71] Georg Höltker, Das Sündenbewußtsein bei den Azteken im alten Mexico, in: Anthropos 31 (1936), S. 222.

einmal, jedoch nicht im Wiederholungsfall Absolution erhalten. Außerdem waren sie verpflichtet, ihre Beichte vor Priestern der „Dreckfresserin", der Göttin Tlaelquani, abzulegen, die als zuständig angesehen wurde für die illegale Liebe und ihre Sühne.

Während sich der Azteke des freien Willens bewußt war, auf Grund dessen er sein irdisches Leben nach moralischen Gesichtspunkten gestalten konnte, sah er einem Jenseitsgeschick entgegen, das unabhängig war von ethischen Qualifikationen.

Der Inhalt der schwermütigen aztekischen Gesänge läßt erkennen, daß das Todesproblem das Schicksalsverständnis der Azteken weitgehend beherrschte. Zum Ausdruck kommt dies in dem folgenden Gesang[72]:

Mit Blumen und Tränen der Trauer ordne ich Sänger meinen Gesang. Ich gedenke der Edlen, die zerbrochen, die zerschlagen dort im Totenland weilen. Sie waren gekommen, Herren und Herrscher auf Erden zu sein. Und liegen nun da wie welke Quetzalfedern, wie zerschlagene Edelsteine ...

O wehe! Trauernd singe ich, wenn ich der Edlen gedenke. Ach, könnte ich sie noch einmal begleiten, daß ich sie nicht dorthin ins Totenland zurückkehren ließe! ...

So weint denn mein Herz, so ordne ich Sänger meine Erinnerungen weinend, trauernd denke ich zurück. Wie wünschte ich, daß sie mich hören könnten, wenn ich für sie, die dort im Totenland sind, ein gutes Lied anstimme.

Vom gleichen Tenor beherrscht ist eine andere aztekische Totenklage[73]:

Weinend flechte ich Sänger meinen Gesang aus Trauerblumen. Ich gedenke der Jünglinge, der Scherben, der Zerbrochenen, die in das Land des Todes gegangen sind. Einst edel und machtvoll hier auf Erden, wurden die Jünglinge ausgetrocknet wie Federn, wie ein Edelstein in Bruchstücke zerschlagen vor dem Anblick derer, die sie auf Erden sahen, und mit Wissen des Allherrn.

Wehe! Ich singe in Kummer und Schmerz, da ich der Jugend gedenke. O könnte ich sie umkehren lassen, könnte ich ihre Hände noch einmal ergreifen, könnte ich sie zurückrufen aus dem Land der Toten; könnten wir sie wieder zur Erde bringen, auf daß sie den Spender des Lebens beglücken und erfreuen möchten. Sollten wir, seine Diener, uns von ihm gewandt und undankbar geworden sein? So weine ich denn in meinem Herzen, ich Sänger, wenn ich in Gedanken zurückschaue, wenn ich Trauer und Kummer ins Gedächtnis zurückrufe.

O könnten sie mich nur hören dort in dem Land der Toten, könnte ich einen würdigen Gesang singen. O könnte ich sie erfreuen und Trost bringen dem Leid und der Qual der jungen. Wie kann ich es erreichen, woher kann mir Erleuchtung

[72] G. Lanczkowski, Früh-welkende Blumen. Aztekische Gesänge, Freiburg i. Br. 1983, S. 78.

[73] Daniel G. Brinton, Ancient Nahuatl Poetry, Philadelphia 1890, S. 73.

Abb. 6: Mictlantecutli.

kommen? Sie sind nicht dort, wohin ich ihnen folgen könnte, noch kann ich hier auf Erden sie mit meinem Ruf erreichen.

Die Unentrinnbarkeit des Todesgeschicks bestimmte auch die priesterliche Ansprache beim Totenritual[74]: „Wenn ein Azteke eines natürlichen Todes starb, sprach der Priester vor der Leiche folgende Worte: ‚Unser Sohn, du hast die Leiden und Mühen dieses Lebens beendet. Es hat unserem Herrn gefallen, dich von hier hinwegzunehmen; denn du hast kein ewiges Leben in dieser Welt; unser Dasein ist wie ein Strahl der Sonne. Er hat dir die Gnade verliehen, uns kennenzulernen und an unserem gemeinsamen Leben teilzunehmen. Nun lassen dich der Gott Mictlantecutli und die Göttin Mictlanciuatl an ihrem Aufenhaltsort teilhaben. Wir alle werden dir folgen; denn das ist unser Geschick, und der Wohnort (in der Unterwelt) ist groß genug, alle aufzunehmmen. Man wird dich nicht mehr unter uns hören. Siehe, du bist in das Reich der Dunkelheit gegangen, wo es weder Licht noch Fenster gibt. Niemals wirst du wieder hierher zurückkommen, noch brauchst du dich um deine Rückkehr zu sorgen; denn deine Abwesenheit ist ewig. Du verlässest deine Kinder

[74] H. B. Alexander, The World's Run. University of Nebraska Press, Lincoln 1953, S. 201 (nach Sahagún).

arm und verwaist, und du weißt nicht, was ihr Ende sein wird noch wie sie die Mühen dieses Lebens ertragen werden. Was uns betrifft, wir werden nicht zögern, zu gehen und uns dort mit dir zu verbinden, wo du sein wirst.'"

Die voranstehende Ansprache des Priesters richtete sich, wie ausdrücklich vermerkt, an Tote, die eines „natürlichen" Todes gestorben waren. Von dieser gewöhnlichen Todesart, die die Mehrzahl der Menschen betraf, wurden zwei weitere unterschieden, die positiv gewertet und nicht mit düsteren Aspekten verbunden wurden. Denn das Jenseitsgeschick richtete sich nach aztekischer Vorstellung nicht nach ethischen Verdiensten oder Vergehen während des irdischen Lebens, sondern war determiniert durch die jeweilige Todesart.

Diejenigen, die eines gewöhnlichen Todes gestorben waren, gelangten nach Mictlan, in das „Totenreich", dessen „Herr" und „Herrin" Mictlantecutli und Mictlanciuatl waren. Deren Reich wurde in der Unterwelt lokalisiert und als ein Ort verstanden, dessen Schilderung mit den Höllenvorstellungen Dantes vergleichbar ist[75]:

> Mictlantecutli, Mictlanciuatl
> essen in der Unterwelt Füße und Hände.
> Und ihre Pfeffersauce ist der rote Käfer.
> Ihre Frühstückssuppe ist Eiter.
> Sie trinken aus einer Hirnschale ...
> Und alle Giftkräuter werden gegessen.
> Und alle, die nach der Unterwelt gehen,
> essen Stachelmohn.
> Und alles, was hier auf Erden nicht gegessen wird,
> wird in der Unterwelt gegessen.
> Und man sagt, es wird nichts anderes gegessen.
> In der Unterwelt herrscht große Armut und Not.
> Obsidianmesser werden herumgewirbelt,
> Sand wird herumgewirbelt,
> Bäume werden herumgewirbelt,
> Stachelpflanzen,
> Feuersteinmesser werden herumgewirbelt,
> wilde Agaven,
> Erdkakteen.
> Und es ist sehr kalt.
> Und Arbeit lastet auf dem Volk.
> Und dort, wo alles Volk geht, sagt man,
> ist die Stelle, wo die Berge zusammenstoßen.

[75] Sahagún-Seler, S. 302f.

Wenn der Berg über ihnen zusammenstößt,
geht man dort zugrunde,
wird nirgends mehr gesehen, dort in der Unterwelt.

Tlalocan, das auf wolkenverhangenen Bergen lokalisierte Reich des Regengottes Tlaloc, war denjenigen Toten vorbehalten, die im Wasser oder an Krankheiten starben, die die Azteken mit dem Wasser in Verbindung brachten. Dieses Reich des Regengottes wurde mit eindeutig positiven Prädikaten versehen[76]:

In Tlalocan war man sehr reich und glücklich, litt niemals Not.
Niemals fehlten die Maiskolben, die Kürbisse,
die Kürbisblütengemüse. ...,
die grünen Pfefferschoten, die Tomaten, die Bohnen ...
Und dorthin gehen die vom Blitz Erschlagenen,
die Ertrunkenen, die im Wasser starben,
und die Aussätzigen, die Geschlechtskranken,
und die an Krätze und nicht heilenden Vereiterungen starben,
und die Gichtkranken
und die, die Aufschwellungen des Leibes dahinraffen,
die an ansteckenden Krankheiten sterben ...
Und in Tlalocan, sagt man, ist es immer grün,
immer sproßt es,
immer ist es Sommer.

Unter den jenseitigen Bereichen stand wertmäßig an erster Stelle das „Haus der Sonne am Himmel“ *(ichan tonatiuh ilhuicac)*[77]:

... da gibt es wilde Agaven, Dornengewächse
und Haine von Akazien,
Und alle Opfergaben, die man ihnen bringt,
das kann jeder sehen, das kann zu ihm dringen.

Dieser paradiesische Aufenthaltsort war in erster Linie den im Kriege Gefallenen vorbehalten, aber auch den kultisch Geopferten, den im Kindbett gestorbenen Frauen sowie den auf der Reise in der Fremde verstorbenen Kaufleuten. Nachdem sie vier Jahre den Sonnengott Tonatiuh auf seiner täglichen Himmelsreise begleitet hatten, verwandelten sie sich in Schmuckvögel oder in Schmetterlinge[78]: „Nachdem sie vier Jahre so verbracht haben, verwandeln sie sich in Vögel von glänzendem Gefieder: Kolibri, Blumenvögel, in gelbe Vögel mit schwarzer Vertiefung um die Augen, in kreideweiße Schmetterlinge, in Daunenfederschmetterlinge,

[76] Sahagún-Seler, S. 300f.
[77] Sahagún-Seler, S. 302.
[78] A. a. O.

in Schmetterlinge, groß wie Trinkschalen, den Honig zu saugen dort in ihrer Wohnung. Und sie kommen hierher zur Erde, den Honig zu saugen aus allen Arten von Blumen."

Es ist anzunehmen, daß die uns überlieferten Texte unvollständige Angaben über Tod und Jenseits enthalten. Der französische Altamerikanist Jacques Soustelle hat mit Recht auf bedeutsame Lücken hingewiesen[79]: „Es wäre durchaus denkbar, daß die zur Verfügung stehenden Quellen uns nicht alles verraten haben. Was geschah zum Beispiel mit Königen und Würdenträgern, wenn sie ‚im Bett' starben, waren sie dann auch Mictlan verfallen? Und was wurde aus den Priestern, deren Geschick anscheinend unter keine der bekannten Gattungen fiel? Wir können kaum annehmen, daß nicht irgendeine Form des Fortlebens für sie vorgesehen war."

Neben der Ungewißheit seines Todes- und Jenseitsgeschicks empfand der Azteke eine tägliche Bedrohung, die hervorgerufen wurde durch die Furcht, der Sonnengott könne versagen. Sonnenfinsternisse verwiesen auf diese Gefahr und erregten Verwirrung und kultische Abwehrmaßnahmen[80]: „Die Sonne wird (vom Mond) gefressen. Wenn dies sich ereignet, rötet sie sich. Der Tag dehnt sich nicht weiter, der Tag ist nicht mehr da, (die Sonne) macht Feierabend, sie schwindet mehr und mehr.

Darüber gerieten die Leute gleich außer sich, entflammten sich, man ging hoch, man kam in Verwirrung, man fürchtete sich, man beweinte sich selbst.

Heiße Tränen vergossen die Hörigen. Man stieß Schreie aus, man heulte laut heraus; die Volksmenge lärmte, lärmte in einem fort; alles schrie, überhallhin breitete das Geschrei sich aus.

Hellhäutige wurden geopfert, Kriegsgefangene wurden geopfert. Man entzog sich Blut, zog die Rute (aus dem Ohr) heraus, schnitt sich ins Ohr.

Und in allen Tempeln sang man Blumenlieder, aber mißtönig wurden sie hingesungen, wurden hingeheult. Man sagte sich ja doch, daß wenn die Sonne sich vollkommen verfinstern würde, würde es völlig Nacht sein, und würden Ungeheuer heruntergestürzt kommen, die Leute zu fressen."

Um den regelmäßigen Lauf der Sonne sicherzustellen, wurden fünfmal

[79] Jacques Soustelle, So lebten die Azteken am Vorabend der spanischen Eroberung, Stuttgart 1956, S. 140.

[80] Leonhard Schultze Jena, Wahrsagerei, Himmelskunde und Kalender der alten Azteken, Stuttgart 1950, S. 33.

Abb. 7: Kalenderstein.

am Tage Brandopfer dargebracht, die in Analogie zu der wärmenden Funktion der Sonne standen.

Außerdem wurden im Kult des Sonnengottes Tonatiuh Menschenopfer vollzogen. Ihnen lag die Vorstellung zugrunde, daß der Gott auf seiner nächtlichen Unterweltsreise das Schicksal der Toten erleide und zum Skelett abmagere. Um wieder neue Lebenskraft zu gewinnen, müsse er am Morgen mit der bevorzugten Speise der Götter, mit dem Blut menschlicher Herzen, ernährt werden.

Eine weitere, unberechenbare Bedrohung des täglichen Lebens ergab sich aus der aztekischen Geschichtsschau, die ein universales Ende des gegenwärtigen Äons voraussah. Motecuçoma II. ließ auf einem Kalenderstein, den er aus der Basaltlava des Hochtals von Mexiko hatte heraushauen lassen, bildlich diese aztekische Geschichtsanschauung darstellen, die durch textliche Aussagen bestätigt wird. Danach steht im Mittelpunkt von vier Weltzeitaltern, die jeweils durch Katastrophen beendet wurden, unser fünftes Weltzeitalter, dem ebenfalls ein zukünftiger, jedoch zeitlich unberechenbarer Untergang bevorsteht[81]: „So wie es die alten Männer sagen: In diesem Zeitalter wird es geschehen, daß Erdbeben und Hungersnöte sein werden, wodurch wir zugrunde gehen werden."

[81] Walter Lehmann, Die Geschichte der Königreiche von Colhuacan und Mexico, Stuttgart 1938, S. 62.

DIE MAYA

Das Alte und das Neue Reich

Nach einer gebräuchlich gewordenen Terminologie pflegt man die Geschichte der Maya in zwei als „Reiche" bezeichnete Perioden zu unterteilen, die sich nicht nur unterschieden hinsichtlich der zeitlichen Ansetzung, mit der sie aufeinanderfolgten, sondern auch in bezug auf die geographischen Bereiche, in denen sie zentriert waren.[1] Das Alte Reich entfaltete sich in der Zone des feuchten Tropenwaldes, vornehmlich auf dem Gebiet der heutigen Republik Guatemala, während das Neue Reich im stromlosen Karstland der Halbinsel Yucatán lag, die jetzt einen Teil des mexikanischen Bundesstaates bildet.

Die Anfänge der Maya-Kultur lagen weit vor der Zeit des Alten Reiches in einer Periode, die als vorklassisch oder auch als formativ bezeichnet wird. Die Vermutungen über ihre zeitliche Dauer schwanken. Archäologische Forschungen, die in Gebäuderesten von Honduras Tonscherben von beachtlicher Qualität zutage förderten, ließen auf eine hochentwickelte Keramik schließen, deren Anfänge um 2600 v. Chr. datiert wurden.[2]

Das Alte Reich begann wesentlich später. Es wird aufgegliedert in eine frühe Periode, die für die Zeit von etwa 320 bis 633 n. Chr. angesetzt wird, sodann in eine von 633 bis 731 andauernde mittlere Periode, auf die schließlich von 731 bis 987 eine sogenannte Blütezeit folgte. Im ganzen umfaßt somit das Alte Reich den Zeitraum von 320 bis 987.

Die Epoche des Neuen Reiches rechnet dann vom Ende des 10. Jahrhunderts bis 1441. Die Spanier haben also dieses Reich nicht zerstört, sondern erst nach seinem politischen Niedergang Yucatán erobert.

[1] Hans-Dietrich Disselhoff, Das Alte und das Neue Reich der Maya, in: Saeculum 2 (1951), S. 529–556. – Umfassendste Maya-Monographie: Sylvanus Griswold Morley, The Ancient Maya, hrsg. von George W. Brainerd, Stanford, Cal. [3]1956. – Vgl. ferner: Thomas Gann und J. Eric Thompson, The History of the Maya, from the Earliest Times to the Present Day, New York 1931. – J. Eric Thompson, The Civilization of the Mayas, Chicago [2]1932. – Ders., The Rise and Fall of Maya Civilization, Norman, Oklahoma 1954. – Vorzügliche Darstellung in deutscher Sprache: Berthold Riese, Geschichte der Maya, Stuttgart 1972.

[2] Frankfurter Allgemeine Zeitung vom 20. 4. 1977.

Das Alte Reich ist durch die archäologische Erschließung einer Anzahl von Städten bekannt, deren Ruinen vom Tropenwald überwuchert waren. Die erste dieser Städte, die auf heute mexikanischem Territorium liegt, erhielt, da ihre Maya-Bezeichnung unbekannt war, den spanischen Namen Palenque, der „Einzäunung, umfriedeter Festplatz" bedeutet.

Der Nordamerikaner John Stephans und der britische Maler Frederick Catherwood waren die ersten, die im Jahre 1840 Palenque aufnahmen. Den imponierenden Eindruck, den sie von der Großartigkeit dieser Maya-Ruinen gewannen, hat Stephans später in folgender Weise beschrieben[3]: „Großartig, seltsam und merkwürdig genug war, was wir vor Augen hatten. Hier war die Hinterlassenschaft eines kultivierten, verfeinerten Volkes, das alle Stufen, die mit Aufstieg und Niedergang eines Volkes verknüpft sind, durchlaufen hatte. Ohne daß die übrige Welt von ihnen wußte, erklommen sie die Höhe ihres Goldenen Zeitalters und fanden ihren Untergang. Die Glieder der Kette, die sie mit dem Menschengeschlecht verband, sind zerbrochen und verlorengegangen. Dies hier war die einzige Erinnerung an ihre Fußspuren auf der Erde. Wir wohnten in dem zerfallenen Palast ihrer Könige; wir stiegen zu ihren verlassenen Tempeln und gestürzten Altären hinauf, und wo wir uns hinwandten, überall gewahrten wir die Beweise ihres Geschmackes, ihres künstlerischen Könnens, ihres Reichtums und ihrer Macht."

Palenque ist nicht die einzige Ruinenstätte der Maya geblieben, die die Bewunderung ihrer Entdecker fand. Die wahrscheinlich größte und älteste aller städtischen Siedlungen des Alten Reiches war Tikal. Eine dort gefundene und heute in Leiden aufbewahrte Platte verzeichnet in ihrer hieroglyphischen Inschrift eine Kalenderangabe, die nach unserer Zeitrechnung dem Jahr 320 n. Chr. entspricht. Die Ausdehnung der einstigen Stadt wird auf eine Fläche von zehn Hektar geschätzt.

Eine Tochtergründung von Tikal war wahrscheinlich das siebzehn Kilometer nördlich gelegene Uaxactún, das auf einer Stele als ältestes Datum das Jahr 328 aufweist. In der acht Meter hohen Rumpfpyramide von Uaxactún erkennen wir die Anfänge einer architektonischen Entwicklung, die mit den Pyramiden von Tikal eine Höhe von siebzig Metern erreicht.

Auf dem Gebiet des heutigen Honduras, nahe der Grenze zu Guatemala, liegt die alte Maya-Stadt Copán, für die als ältestes Datum das Jahr 465 n. Chr. ermittelt worden ist.

In neuerer Zeit haben amerikanische Archäologen in den Wäldern von

[3] Hans Dietrich Disselhoff, Geschichte der altamerikanischen Kulturen, München 1953, S. 112.

Abb. 8: Tempelpyramide von Uaxactún.

Nord-Guatemala, etwa siebzig Kilometer entfernt von Tikal, eine weitere Maya-Stadt entdeckt, die sie, in Ermangelung einer Kenntnis ihres ursprünglichen Namens, El Mirador, den „Erker", nannten. Diese Stadt soll bereits im 6. Jahrhundert unserer Zeitrechnung von den Maya verlassen worden sein.[4]

Über den Charakter aller Maya-Städte gibt Landa die folgenden Auskünfte[5]: „Bevor die Spanier dieses Land eroberten, lebten dessen Bewohner in Städten auf sehr zivilisierte Weise. Sie hielten den Boden gut von Unkraut frei und pflanzten vortreffliche Bäume an. Die Art und Ordnung ihrer Städte war folgendermaßen: In der Mitte der Stadt lagen ihre Tempel mit schönen Plätzen; rund um die Tempel standen die Häuser der Adligen und der Priester und dann die Häuser der bedeutenden Leute. Dann kamen die Häuser der Reichen und solcher, die sich höchster Achtung erfreuten; diesen zunächst die der Händler und dann die Häuser der unteren Klassen."

Dieser Bericht Landas kennzeichnet in aufschlußreicher Weise den Tempel als zentrales Bauwerk der Maya-Stadt. Auch auf Grund moder-

[4] Frankfurter Allgemeine Zeitung vom 19. 5. 1979.

[5] Morley, a. a. O. (Anm. 1), S. 261.

ner archäologischer Forschungen wird heute im allgemeinen als sicher angenommen, daß die Städte der Maya religiöse Metropolen waren. In ihrem Mittelpunkt erhob sich die Kultstätte, die von einem freien Platz umgeben war, der ebenso für die Feier religiöser Feste als auch für die Abhaltung von Märkten benutzt wurde.

Um diesen kultischen Bezirk der Stadt gruppierten sich die Häuser der Bewohner nach dem Prinzip der sozialen Rangordnung ihrer Besitzer. An der Spitze dieser sozialen Ordnung standen die Priester. Der lokale Oberpriester übte die Herrschaft über den Stadtstaat aus.

Untereinander besaßen die Städte der Maya politische Selbständigkeit. Von einem „Reich" kann man also in der Epoche des sogenannten Alten Reiches nur sprechen im Hinblick auf die Einheitlichkeit und den friedlichen Austausch von Kulturgütern, hinsichtlich der gleichen Sprache und übereinstimmender religiöser Vorstellungen.

Das Ende des Alten Reiches ist noch immer ein ungelöstes und rätselhaftes historisches Phänomen. Mit Sicherheit ist nur das höchst seltsame Faktum festzustellen, daß in der Mitte des 10. Jahrhunderts in den Städten des Alten Reiches die Bautätigkeit vollständig eingestellt und bestehende Bauten nicht weiterhin gepflegt, sondern dem sie schnell überwuchernden Tropenwald preisgegeben wurden.

Dieser Erscheinung korrespondiert das zu Ende des 10. Jahrhunderts deutlich feststellbare Aufblühen der Maya-Kultur im yukatekischen Gebiet und damit der Aufstieg jener Epoche, die als Neues Reich bezeichnet wird.

Man hat sich diese Vorgänge sicher nicht in der Weise vorzustellen, daß sämtliche Bewohner des Alten Reiches nach Yucatán ausgewandert seien. Denn weder entstand in den Gebieten des Alten Reiches ein vollständiges Bevölkerungsvakuum noch stießen die Maya in Yucatán in einen absolut leeren Raum. Vielmehr blieb die Zone des Tropenwaldes weiterhin von Maya bewohnt. Und im yucatekischen Bereich saßen bereits vor der Bildung des Neuen Reiches Maya-Stämme.

Über die Gründe für dieses umwälzende Ereignis berichtet keine literarische Überlieferung. Erklärungsversuche, die diese historischen Fragen lösen wollen, tragen daher den Charakter reiner Hypothesen.

Kriegerische Ereignisse, die eine Flucht oder eine Vertreibung zur Folge gehabt hätten, sind unwahrscheinlich. Denn für sie müßte der Nachweis größerer Zerstörung in den Städten erbracht werden.

Mit Skepsis ist auch der Vermutung zu begegnen, innenpolitische Revolten als Ursache anzunehmen. Sie müßten einen außerordentlichen Umfang angenommen und dann ebenfalls Zerstörungen hinterlassen haben.

Auch an Erdbebenkatastrophen und Vulkanausbrüche ist gedacht worden, die in der Tat zum Verlassen des gefährdeten Gebietes hätten führen können. Aber auch hierfür fehlt der Nachweis größerer Verwüstungen.

Häufig werden Wirtschaftskrisen als Motiv angenommen, wobei an eine Erschöpfung des Bodens durch Überforderung oder an einen für die landwirtschaftliche Nutzung katastrophalen Klimawechsel gedacht ist. Der Nachteil dieser Vermutungen besteht wiederum darin, daß sie in keiner Weise bewiesen werden können, daß vielmehr Veränderungen in den grundlegenden Voraussetzungen für die Landwirtschaft sogar als unwahrscheinlich festgestellt worden sind.

Schließlich ist die zweifellos bestrickende, aber wiederum unbeweisbare These zu erwägen, nach der die Priester diesen Exodus, den Auszug in ein Land der Verheißung angeordnet hätten. Hierzu könnte allerdings, was bisher nicht geschehen ist, eine typologische Parallele herangezogen werden, die in den Wanderbewegungen der Tupí-Guaraní, südlich des Amazonas beheimateter indianischer Stämme, besteht, die auf Geheiß ihrer Priester weiträumige Reisen unternommen haben, um ein „Land der Unsterblichkeit und ewigen Ruhe" zu erreichen.[6] Eine historische Abhängigkeit ist allerdings auszuschließen, da diese indianischen Bewegungen erstmals in der Mitte des 16. Jahrhunderts n. Chr. beobachtet worden sind. Aber sie könnten vielleicht zum Verständnis der Ereignisse bei den Maya beitragen und auf ähnliche, religiös motivierte Anlässe schließen lassen.

Gegenüber dem Alten Reich und seinem bis heute rätselhaften Ende steht das Neue Reich der Maya in weitaus hellerem Lichte der Geschichte da. Sein historischer Schauplatz ist, wie bereits mehrfach erwähnt, die Halbinsel Yucatán, und die bedeutendsten Städte dieser Epoche sind Chichén Itzá, Mayapán und Uxmal.

Religion und Kultur des Neuen Reiches sind ausgezeichnet durch einen eindeutig greifbaren mexikanischen Einfluß, der sich in Yucatán vor allem dort bemerkbar machte, wo der Stamm der Itzá die Hauptrolle als Vermittler mexikanischen Gedankengutes spielte. Dieser mexikanische Einfluß hat sich aber auch auf die Maya von Guatemala ausgedehnt,[7] und er fand dort Niederschlag in ihrem heiligen Buche, im ›Popol

[6] Curt Nimuendajú-Unkel, Die Sagen von der Erschaffung und Vernichtung der Welt als Grundlagen der Religion der Apapocúva-Guaraní, in: Zeitschrift für Ethnologie 46 (1914), S. 284–403.

[7] Vgl. Rafael Girard, Die ewigen Mayay. Zivilisation und Geschichte, Wiesbaden o. J., S. 543 ff.

Vuh‹, das kurz nach der spanischen Eroberung, wahrscheinlich zwischen 1554 und 1558, von einem Indianer aufgezeichnet wurde, um die alten Stammestraditionen zu bewahren.[8]

Bei dieser Einflußnahme handelte es sich offenbar um die bedeutendste historisch greifbare Kulturbegegnung innerhalb des altamerikanischen Bereiches. Sie betraf in spezieller Weise eine Einwirkung toltekischer Religiosität auf die Maya.

In den Texten der Maya erscheint die Bezeichnung „Tolteken" als ein ehrendes Prädikat, und sie wird oftmals mit *yaqui* wiedergegeben, einem Wort, dem ein aztekisches *yaque* entspricht, das die Bedeutung „die Weggezogenen, die Auswanderer" besitzt.[9]

Es ist offenkundig, daß damit Bezug genommen wurde auf den Auszug aus Tollan, der Metropole des Toltekenreiches, den ein Teil der Tolteken am Ende der Herrschaft ihres Priesterkönigs Quetzalcoatl und unter dessen Führung unternahm. Daß mit dem „Land der Morgenröte", zu dem dann ihn und seine Getreuen von der Küste des mexikanischen Ostmeeres aus ihre Schiffsreise führte, die Halbinsel Yucatán gemeint ist, geht deutlich hervor aus dem gerade zu jener Zeit beginnenden Einfluß der Tolteken auf die Maya des Neuen Reiches.

Daß dieser Einfluß aufs engste mit Quetzalcoatl verbunden war, ergibt sich aus der Tatsache seiner nunmehr bei den Maya beginnenden Verehrung. Sein Name, der „grüne Federschlange" bedeutet, erscheint dabei in wörtlicher Übersetzung als Gottesbezeichnung. Denn eine direkte Wiedergabe des mexikanischen Namens findet sich im Quiché der Maya in der Form Kukumatz; *kuk* ist die grüne Feder des Quetzalvogels, und *kumatz* bedeutet die „Schlange". Die entsprechende Form bei den yukatekischen Maya ist Kukulcán.

Aufschlußreich ist ferner, daß eine der Maya-Bezeichnungen für diesen göttlich verehrten Kukumatz-Kukulcán der Begriff *yaqui vinak* ist. Denn das bedeutet „fortgezogener Mann" und im übertragenen Sinn „Mann der Tolteken". Beides verweist gleichermaßen auf Quetzalcoatl.

Ebenso aufschlußreich ist die Tradition, die der Bischof Landa überliefert hat und die sich in spezieller Weise auf den Maya-Stamm der Itzá bezieht und auf dessen Stadt Chichén Itzá[10]: „Es herrscht unter den India-

[8] Eduard Seler, Popol Vuh. Das Heilige Buch der Quiché Guatemalas, Berlin 1975, S. 18.

[9] Walter Lehmann, Zentral-Amerika. Teil I: Die Sprachen Zentral-Amerikas, Bd. 2, Berlin 1920, S. 986. – Ders., Ein Tolteken-Klagegesang, in: Festschrift Eduard Seler, Stuttgart 1922, s. 302.

[10] Alfred M. Tozzer, Landa's Relación de las cosas de Yucatan, Cambridge, Mass. 1940, S. 20f.

nern der Glaube, daß die Itzá, die Chichén Itzá in Besitz nahmen, unter der Herrschaft eines großen Häuptlings namens Kukulcán standen ... Sie sahen in Yucatán in ihm einen Gott."

Konform mit ihrer Öffnung für die Tolteken und deren religiöse Vorstellungen ereignete sich ein Bedeutungsgewinn der Itzá. Der vordem politisch einflußlose Stamm gewann nun an Macht und gelangte zu einer für ganz Yucatán entscheidenden Bedeutung. Diese stand in engem Zusammenhang damit, daß die toltekisch beeinflußten Itzá jene yukatekische Siedlung in Besitz nahmen, die dann sowohl nach dem Namen ihres Stammes als auch auf Grund der Existenz der in dieser Stadt gelegenen Brunnen Chichen Itzá, „am Brunnen der Itzá", genannt wurde.

Chichén Itzá, dessen Ruinenfeld eine Fläche von fünf Quadratkilometern bedeckt, ist nicht von den Itzá gegründet, sondern übernommen worden. Nach einheimischer Überlieferung soll die Stadt bereits seit dem Jahre 534 n. Chr. bestanden haben. Anlaß zu ihrer Gründung war zweifellos die Tatsache, daß sich dort Einbruchstrichter in die riesige Kalkstein-Tafel Yucatáns befanden, die den Zugang zum Grundwasser eröffneten.

Die beiden Brunnen von Chichén Itzá werden in der Maya-Sprache entweder mit dem Worte *chen* bezeichnet, das in den Ortsnamen eingegangen ist, oder mit dem synonymen, ebenfalls einen „Brunnen" bedeutenden Begriff *tzonot*[11].

Von den beiden Brunnen der Stadt hatte der nördlich gelegene „heilige Brunnen" religiöse Bedeutung. Auf dem Grund seines Gewässers dachte man sich den Wohnsitz des Regengottes Chac, dem der Brunnen geweiht war.

Diese heilige Stätte war im Neuen Reich ein von zahlreichen Pilgern besuchter Wallfahrtsort. Wallfahrten, die auf eigens dafür angelegten Straßen zu den Stätten besonderer Verehrung führten, gehörten zu den charakteristischen Formen religiösen Verhaltens in der Zeit des Neuen Reiches. An den Wallfahrtsorten wurde die Befreiung von Sünden und Krankheiten, aber auch die Erteilung von Orakeln erwartet.

Neben Chichén Itzá war die der Nordostküste vorgelagerte „Schwalbeninsel", die unter der hispanisierten Namensform Cozumel bekannt geworden ist, eine vielbesuchte sakrale Stätte.[12] Sie war der Göttin Ixchel geweiht. In ihrem Namen erteilte dort ein Wahrsagepriester, der in einer hohlen Tonfigur verborgen war, die erwarteten Orakel. Der erste

[11] Vom Spanischen ist tzonot in der Form cenote übernommen worden.

[12] Die hispanisierte Form Cozumel geht zurück auf die Maya-Bezeichnung Ah-cuzamil-petén, die „Schwalbeninsel" bedeutet.

Europäer, der diese Insel betrat, ist Cortés gewesen, der dort einige Tage verbrachte. In der im Norden Yucatáns gelegenen Stadt Izamal wurde in bevorzugter Weise der Gott Itzamná verehrt. Auch an diesem vielbesuchten Wallfahrtsort wurden Orakel erteilt.[13]

Über den heiligen Brunnen von Chichén Itzá sind wir seit den Jahren 1904 bis 1907 orientiert, in denen der nordamerikanische Konsul Edward Thompson mit Tauchern und Greifbaggern Untersuchungen durchführen ließ.[14]

Der heilige Brunnen von Chichén Itzá stellt ein Oval dar mit dem größten Durchmesser von 60 Metern. Er stürzt mit senkrechten Wänden 20 Meter tief hinab bis zum Spiegel eines heute schmutzig-grünen Wassers, das nochmals etwa 20 Meter tief ist.

Bei den Durchsuchungen des Bodenschlammes fand man unzählige Opfergaben, die vor der Darbringung zerbrochen waren, was vermutlich absichtlich geschah. Es fanden sich aber auch die Skelettreste von 13 Männern, 8 Frauen und 21 Kindern, die offensichtlich in Notzeiten, besonders wenn Dürre herrschte, zur Versöhnung des Gottes Chac als Opfer in den Brunnen gestürzt worden waren. Auch die Religion der Maya kannte, wenn auch in weitaus geringerem Maße als die der Azteken, das Menschenopfer, das hier, als eine Besonderheit der Praxis bei den Maya, durch Ertränken vollzogen wurde.

Die letzte indianische Pilgerfahrt zum heiligen Brunnen von Chichén Itzá hat im Jahre 1536 stattgefunden.

Die archäologische Erforschung dieses Wallfahrtsortes hat ergeben, daß die Tolteken ihren Einfluß pietätvoll gegenüber dem Vorgefundenen durchsetzten und keine der bereits bestehenden Bauten der Maya zerstörten. Jedoch haben sie die Gestaltung neuerrichteter Bauwerke beeinflußt. Denn in ihrer Skulptur tritt das Motiv der gefiederten Schlange als Bekenntnis zu Quetzalcoatl-Kukulcán beherrschend hervor.[15]

In erster Linie ist der große, das Bild der Stadt krönende Kukulcán-Tempel Ausdruck toltekischer Einwirkung. Dies ist nicht allein greifbar in dem Gott, dem der Dienst an diesem Tempel gewidmet war, sondern in ganz augenfälliger Weise in der architektonischen Gestalt, die an Vorbilder gemahnt, die in Tollan, der Metropole des Toltekenreiches, gefunden wurden.

Die Rumpfpyramide, auf der sich der Tempel des Kukulcán erhob, be-

[13] Ferdinand Anders, Das Pantheon der Maya, Graz 1963, S. 57.

[14] Walter Krickeberg, Altamerikanische Kulturen, Berlin 1956, S. 330.

[15] Walter Krickeberg, Bauform und Weltbild im alten Mexico, in: Ad. E. Jensen, Mythe, Mensch und Umwelt, Bamberg 1950, S. 313.

Abb. 9: Tempel des Kukulcán.

sitzt neun Absätze und auf allen vier Seiten Treppen, die mit insgesamt 365 Stufen zur Plattform führen. Diese bauliche Gestalt symbolisierte das toltekische Weltbild in zeitlicher und in räumlicher Hinsicht. Den Tagen eines Jahres entsprachen die 365 Stufen. Die neun größeren Absätze aber symbolisierten das räumliche Bild des Himmels.

Aber nicht allein in den Ausdrucksformen religiöser Vorstellungen machte sich der vorherrschende Einfluß der Tolteken bemerkbar. Er ergriff vielmehr auch den politischen Bereich.

Erst in diesem Neuen Reich der Maya kann man von einem „Reich" im eigentlichen Sinne sprechen, also von einem die Bezirke der Stadtstaaten übergreifenden und die damaligen Ausbreitungsgebiete der Maya zu einem beträchtlichen Teil umfassenden politischen Gebilde.

Das aztekische Reich Mexikos verstand sich staatsrechtlich stets als ein Bund der führenden Städte des Landes, wenn auch sein tatsächlicher Machtbereich weit darüber hinausreichte. Bei den Maya finden wir eine durchaus analoge Situation in dem Städtebund von Chichén Itzá, Mayapán und Uxmal. Der Zusammenschluß dieser Städte erfolgte wahrscheinlich 1007 in der „Liga von Mayapán", jener Stadt, die dann am Ende des 12. Jahrhunderts die unumstrittene Führung erlangte. Bis zum Jahre 1441, in dem eine allgemeine Erhebung die politische Einheit zerstörte, datiert dann im eigentlichen Sinne das Neue Reich der Maya.

Für den politischen Einfluß der Tolteken, der diese Reichsgründung anregte, ist bezeichnend, daß die alte Überlieferung die Gründung von Mayapán und die dieser Gründung innewohnende Tendenz auf Kukulcán selbst zurückführt. Hierüber berichtet Landa[16]: „Man sagt, daß dieser Kukulcán es wiederum unternahm, eine andere Stadt zu gründen, indem er darüber mit den einheimischen Fürsten des Landes unterhandelte, eine Stadt, in der er und sie leben sollten. Und daß dort alle Angelegenheiten und alle Geschäfte vorgebracht werden sollten. Und zu diesem Zwecke erwählten sie einen sehr guten Ort. Und sie machten dort eine breite Ringmauer aus festem Stein, in der sie nur zwei enge Tore ließen. Und in der Mitte dieser Ringmauer erbauten sie ihre Tempel, und den größten, der so ist wie der von Chichén Itzá, nannten sie Kukulcán. Und innerhalb dieser Ringmauer erbauten sie Häuser allein für die Fürsten, unter die sie das ganze Land verteilten, indem sie jedem gemäß dem Alter seines Stammes und der Wichtigkeit seiner Person Dörfer zuteilten. Und Kukulcán nannte diese Stadt nicht nach seinem Namen, wie es die

[16] Tozzer, a.a.O. (Anm. 10), S. 23f. – Vgl. Morley, The Ancient Maya, S. 80f.

Itzá in Chichén Itzá getan hatten, sondern er nannte sie Mayapán; das heißt ‚Banner der Maya'."

Dieses von Mayapán aus regierte Reich der Maya ist, wie wir den Berichten Landas entnehmen können, ganz offensichtlich ein Reich des Friedens gewesen. Die Maya waren höchstwahrscheinlich ein im wesentlichen unkriegerisches Volk, ganz im Gegensatz zu den Azteken, die eine ständige Wiederholung des „Blumenkrieges" benötigten, um Gefangene für ihre kultischen Opferungen zu erlangen.

In den inneren Angelegenheiten der Liga von Mayapán fällt ein in manchem dem Staate der Inka vergleichbares soziales System auf, das die Fürsorge für Arbeitsunfähige und Kranke nicht der Großfamilie überließ, sondern staatlich regelte.

Die wirtschaftspolitische Grundlage dieses Systems war eine zentrale Zusammenfassung des Verfügungsrechtes über alle landwirtschaftlich nutzbaren Flächen in der Hand des Herrschers.

Der Herrscher, der an der Spitze der Liga von Mayapán stand, trug, wie vordem die Fürsten der einzelnen Stadtstaaten, den Titel *Halach Uinic*, „wirklicher, wahrhaftiger Mann".[17] Außerdem wurde er *Ahau* genannt, was „großer Herr, Fürst" bedeutet. Sein Amt war erblich. Es ging in der Regel vom Vater auf den ältesten Sohn über. Wenn keine Söhne vorhanden oder diese noch zu jung waren, wurde der Bruder des verstorbenen Herrschers zum Halach Uinic erhoben, wobei im Falle mehrerer Anwärter aus der gleichen Familie ein Ausleseverfahren angewandt worden zu sein scheint.[18]

Wie die Herrscher der Azteken und der Inka, so war auch der Halach Uinic ein Fürst, dessen Stellung sakral legitimiert war. Neben seiner unumschränkten administrativen, exekutiven und richterlichen Gewalt in weltlichen Dingen besaß er auch priesterliche Funktionen und stand offenbar an der Spitze einer geistlichen Hierarchie.

Hinsichtlich der Rangordnung der ihm unterstehenden Priester war es charakteristisch für die Religion der Maya, daß erst an letzter, unterster Stelle der *Nacom*-Priester stand, der Menschenopfer zu vollziehen hatte. Der allgemeine Begriff für Priester lautete *Ahkin*, „der von der Sonne".

Da das über die einstigen Stadtstaaten mächtig erweiterte Reich nicht in allen seinen Angelegenheiten von nur einer Person übersehen werden konnte, delegierte der Halach Uinic einzelne seiner Befugnisse an Verwaltungsbeamte, die durchweg dem Adel angehörten.

[17] Das yukatekische Wort vinic entspricht dem Quiché-Wort vinak, das aus der Bezeichnung yaqui vinak bereits bekannt ist.

[18] Morley, a. a. O., S. 145.

Diese Adligen wurden *almehen* genannt, wobei *al* den Sohn einer (hochgestellten) Frau und *mehen* denjenigen eines (ranghohen) Mannes bezeichnet.

Vor ihrer Entsendung auf hohe Verwaltungsposten unterzog der Halach Uinic die adligen Kandidaten strengen Prüfungen. In diesen Examina wurde die Kenntnis eines Geheimwissens gefordert, das ausschließlich in den herrschenden Familien des Adels vom Vater auf den Sohn tradiert wurde. Neben der Pflege und Förderung dieses esoterischen Wissens hatten daher jene Prüfungen den Zweck, zu ermitteln, ob sich der junge Kandidat zu Recht als Angehöriger des Adels bezeichnet oder eine solche Herkunft erlogen hatte. Diejenigen, die diese Prüfungen bestanden hatten, anerkannte der Halach Uinic als wahre Adlige, nahm sie mit bewegten Worten in den Häuptlingsstand auf und verlieh ihnen Matte und Thronsitz, die auch hier, wie durchweg im mexikanischen Bereich, als Zeichen der herrscherlichen Autorität galten. Die Nichtwissenden aber wurden als Betrüger angesehen, die sich zu Unrecht eine adlige Stellung angemaßt hatten. Es spricht für die rigorose Strenge, mit der das Prinzip absoluter Wahrhaftigkeit verfolgt wurde, daß am Schluß des Examens die Unwissenden aufs härteste bestraft wurden. Die Zungenspitzen wurden ihnen abgeschnitten, die Augen ausgerissen, und durch Erhängen fanden sie den Tod.[19]

Es ist bemerkenswert, daß sich der exklusive Besitz alter Traditionen innerhalb der herrschenden Schichten in vergleichbarer Weise bei den mesoamerikanischen Pipil-Indianern fand.[20] Wie bei ihnen, so wurde auch im Bereich der Maya dieses Sonderwissen der Herrschenden als toltekisches Erbe gehütet.

Darauf verweist, daß die Maya sowohl das gesamte Examen als auch jeden einzelnen Prüfungsabschnitt mit *zuyua than*, „Sprache von Zuyua", bezeichneten. Der Zusammenhang, in dem der etymologisch nicht eindeutig geklärte Begriff *zuyua*[21] in den Prüfungstexten steht, nimmt eindeutig Bezug auf den Westen und dabei speziell auf den tolteki-

[19] G. Lanczkowski, Die Sprache von Zuyua als Initiationsmittel, in: C. J. Bleeker (Hrsg.), Initiation, Leiden 1965, S. 27ff.

[20] Franz Termer, Die Bedeutung der Pipiles für die Kulturgestaltung in Guatemala, in: Baessler-Archiv 19 (1936), S. 111f. – Zu den Pipil vgl. Leonhard Schultze Jena, Indiana II. Mythen in der Muttersprache der Pipil von Izalco in El Salvador, Jena 1935.

[21] Es kann eine Herkunft aus dem Zapotekischen in Betracht gezogen werden, wobei zoo-paa als Etymon anzunehmen wäre, mit dem der „Westen" bezeichnet wird.

schen Bereich; möglicherweise sind auch die Examina zunächst in toltekischer Sprache abgehalten worden.[22]

Diese Prüfungstexte sind im ›Chilam Balam von Chumayel‹ überliefert, einem der heiligen Bücher der Maya, die, mit unterscheidender Angabe des jeweiligen Entstehungsortes, unter dem Titel des „Jaguar-Wahrsagepriesters", des Chilam Balam, tradiert wurden.[23]

Die Prüfungstexte des ›Chilam Balam von Chumayel‹ gehören zu den schwierigsten Texten der Religionsgeschichte überhaupt. Dies resultiert einmal aus dem Symbolcharakter einer esoterischen, ständig mit Metaphern beladenen Sprache, in der die Prüfungen sich vollzogen. Das bedeutet, daß die symbolische Redeweise, die generell charakteristisch ist für religiöse Aussagen im indianischen Bereich,[24] hier besonders stark in Erscheinung tritt.

Sodann besteht eine weitere Komplikation darin, daß in den Prüfungstexten keineswegs stets ein Zeichen durch das von ihm Bezeichnete aufgelöst, sondern häufig seinerseits nur durch ein neues Symbol ersetzt wird, das, um sinnvoll genannt zu werden, vom Prüfling gewußt werden muß, von uns Heutigen aber zu erschließen ist.

Beispielsweise fordert in der fünften Frage der Halach Uinic vom Prüfling, daß er ihm das „Herz" des obersten Gottes bringe.[25] In den Maya-Sprachen wird durchweg, im Aztekischen erst im Laufe der Sprachentwicklung anstelle eines ursprünglichen Gebrauchs von „Leber" das „Herz" als Sitz der Empfindung und als Wesensessenz der angesprochenen Persönlichkeit verwendet.[26]

Der Prüfling beantwortet diese Aufforderung mit der Darbringung einer „Perle aus kostbarem Stein". Es ist deutlich, daß damit die Lösung der Frage durch ein Symbol gegeben wird. Und zwar ist im mexikanischen Bereich die Perle Opfergabe für den Regengott. Die Darbringung der Perle durch den Prüfling beantwortet also die Frage des Halach Uinic dahingehend, daß sie das Wesen des obersten Gottes bestimmt als vegetative, lebensspendende Macht.

[22] Vgl. Lanczkowski, a. a. O. (Anm. 19).

[23] Ralph L. Roys, The Book of Chilam Balam of Chumayel, Washington 1933, S. 88–98.

[24] Zur symbolischen Redeweise der Indianer vgl. J. François Lafiteau, Mœurs des sauvages américains, Paris 1724, S. 123. – Daniel G. Brinton, Nagualism, Philadelphia 1894, passim. – P. Georg Höltker, S. V. D., Einige Metaphern im Aztekischen des P. Sahagun, in: Anthropos 27 (1932), S. 249–259.

[25] Roys, a. a. O. (Anm. 23), S. 91.

[26] Walter Lehmann, Zentral-Amerika, Teil I: Die Sprachen Zentral-Amerikas, Bd. 1, Berlin 1920, S. 283.

Abb. 10: Haupt des jungen Maisgottes.

Wie bereits erwähnt, ist das Neue Reich im Jahre 1441 zusammengebrochen. Anlaß hierzu waren dynastische Streitigkeiten um die Vorherrschaft über Mayapán und das von dort zentral regierte Reich. Diese Rivalitäten zwischen einzelnen Fürstenfamilien führten zu einer Revolte, bei der die Angehörigen des damals herrschenden Hauses fast ausnahmslos den Tod fanden.

Es gelang auch nicht, die Vorherrschaft Mayapáns aufrechtzuerhalten und damit dem Reich Bestand zu verleihen. Es zerfiel vielmehr wieder in die einzelnen Stadtstaaten, aus denen es einst hervorgegangen war.

Die Conquista fand daher im Gebiet von Yucatán andere Verhältnisse vor als in den Reichen der Azteken und der Inka. Bei den Maya traten die Spanier nicht als Zerstörer eines zentralisierten Staates auf. Denn das Neue Reich der Maya war bereits vor der Eroberung Yucatáns aus inneren Gründen zerfallen.

Dualistische Konzeptionen

Es dürfte außer Zweifel stehen, daß eine religionsgeschichtliche Erfassung der Maya größeren Schwierigkeiten begegnet als eine solche der Azteken. Denn einmal stehen der Überfülle literarischer Überlieferungen aus dem aztekischen Bereich weitaus weniger Quellentexte gegenüber. Zum anderen bestanden über die Namen der in den Codices dargestellten Gottheiten Meinungsverschiedenheiten, denen Paul Schellhas mit seinem allseits begrüßten Vorschlag begegnet war, diese Gottheiten zunächst mit neutralen Buchstaben zu bezeichnen.[27] Trotzdem dürfte es heute möglich sein, eigenständige Grundzüge der Maya-Religion zu erkennen.

Viel Wahrscheinlichkeit besitzt zunächst die Annahme einer Kontinuität im Götterglauben, die sich, abgesehen von der hinzugekommenen Verehrung des Kukulcán, im Alten und im Neuen Reich auf die gleichen Numina bezog. Von diesen Gestalten des Maya-Pantheons ist vermutet worden[28]: „Vielleicht begleiteten sie die Bewohner der alten Städte, als sie nach Yucatán zogen.“ Ein solches Verhalten wäre von dem der Azteken zu unterscheiden, die ihren Götterkreis durch die Aufnahme numinoser Gestalten benachbarter Stämme vergrößerten.

Sodann ist mit Sicherheit ein antithetischer Dualismus charakteristisch für die Religion der Maya. Ferdinand Anders schreibt darüber in seiner umfangreichen und schlechthin vorbildlichen Darstellung des Götterglaubens der Maya[29]: „In ihrem Grundcharakter hat die Mayareligion eine starke dualistische Tendenz; zwischen den guten und bösen Mächten besteht ein ewiger Gegensatz und Kampf um Schicksal und Zukunft des

[27] Paul Schellhas, Die Göttergestalten der Mayahandschriften, Dresden 1897.

[28] Hans Dietrich Disselhoff, Geschichte der altamerikanischen Kulturen, München 1953, S. 154.

[29] Ferdinand Anders, Das Pantheon der Maya, Graz 1963, S. 34.

Menschen. Die guten Götter sind Donner, Blitz und Regen, denn sie bringen Fruchtbarkeit des Maises und versprechen Fülle, während die bösen Götter mit Tod und Zerstörung Dürre, Sturm und Krieg verursachen, den Mais vernichten und Mißernten hervorrufen."

Charakteristisch für die Religion der Maya war nicht allein eine besonders scharfe Scheidung zwischen guten und bösen Mächten, sondern auch die Tatsache, daß der dualistische Grundgedanke bis in einzelne Göttergestalten lebendig sein und dann bewirken konnte, daß der gleiche Gott in seinem Verhältnis zu den Menschen positive und negative Züge seiner Person offenbarte, sich mithin von einer erhaltenden oder einer zerstörenden Seite seines Wesens zeigte.

Dies trifft vor allem zu für den Regengott Chac, jene Gottheit, die in den Bilderhandschriften am häufigsten vorkommt. Über die Doppelseitigkeit seiner Funktionen als fördernde und als vernichtende Macht erfahren wir[30]: „Für die Maya des tropischen Waldlandes kamen Regenfluten nicht immer segenspendend. So verbinden sich dem Regengott auf manchen Denkmälern des Alten Reiches Todessymbole. In Yucatán freilich ist er der stets willkommene Spender fruchtbaren Regens, der Blitzgott mit der Axt, der Beschützer des jungen Maisgottes, den der Dürre bringende Gott des Todes bedroht."

Natürlich werden hier klimatische Bedingungen angesprochen, und mit ihnen wird die Doppelnatur des Gottes religionsgeographisch gedeutet. Das ändert aber nichts an der bemerkenswerten Tatsache, daß der antithetische Dualismus die Wirksamkeit ein und derselben göttlichen Person betrifft und nicht auf zwei unterschiedliche Numina verteilt erscheint.

Äußerlich ist der Gott Chac auf bildlichen Darstellungen an seiner langen Rüsselnase zu erkennen und an zwei gewundenen Auswüchsen zu beiden Seiten seines Mundes, die man als Fangzähne versteht. Seine Namens-Hieroglyphe ist T-förmig. Es ist vermutet worden, in diesem Zeichen ein Auge erkennen zu können, aus dem Tränen fließen, was den Regen, den der Gott veranlaßt, symbolisieren würde.

Obwohl dem Regengott große Bedeutung beigemessen wurde, er gelegentlich in Verbindung mit den Himmelsrichtungen als eine Vierheit von Chacs auftritt, galt er doch nicht als höchster Gott. An der Spitze des Maya-Pantheons stand vielmehr eine Gestalt, die ihrem Typus nach in der Religionsgeschichte weit verbreitet ist, nämlich ein *deus otiosus*, ein „müßiger" Hochgott, der zwar als oberste numinose Macht angesehen

[30] Hans-Dietrich Disselhoff, Das Alte und das Neue Reich der Maya, in: Saeculum 2 (1951), S. 547f.

wurde, sich aber vom Gang dieser Welt, die letztlich sein Werk war, zurückgezogen hatte und daher außerhalb der sich vornehmlich im Vollzug kultischer Handlungen äußernden praktischen Religiosität der Menschen stand.

Die Maya nannten diesen Gott Hunabku. Sein Name gibt Aufschluß über die ihm prinzipiell gebührende Stellung. *Hun* bedeutet „eins", *ab* ist „das Sein", und das dem aztekischen *teotl* entsprechende *ku* ist Appellativ für „Gott".

In einer frühen Darstellung der Maya wird der Gott Hunabku folgendermaßen beschrieben[31]: „Die Indianer von Yucatán glaubten, daß es einen einzigen, lebendigen, wahren Gott gebe, der der größte aller Götter sei, aber keine Gestalt habe und auch nicht gestaltet werden könne, da er körperlos sei. Sie nannten ihn Hunabku und behaupteten, daß von ihm alle Dinge herrührten; und da er körperlos war, verehrten sie ihn nicht unter einem Bilde und besaßen auch keines von ihm."

Als Sohn des Hochgottes Hunabku galt Itzamná, der an erster Stelle unter jenen Gottheiten stand, die für das Leben der Menschen von entscheidender Bedeutung waren. Sein Name kann wiedergegeben werden mit „Tau des Himmels" oder auch mit „Haus des Herabtropfens", was ebenfalls auf den Himmel verweist und ihn als Himmelsgott charakterisiert.

Als solcher wurde er oft mit dem Sonnengott Kinich Ahau, dem „Herrn Sonnengesicht", identifiziert, der, zusammen mit Itzamná, seine Hauptkultstätte in der Stadt Izamal besaß und dessen tierischer Vertreter der Jaguar war.

Außer den Qualitäten des Himmels- und des Sonnengottes vereinigte Itzamná in seiner sehr komplexen Natur noch andere Eigenschaften, die sich alle für die Menschen in positiver Weise auswirkten. Er galt als weiser Herrscher der Urzeit und als Lehrer der Wissenschaften. Als solcher wurde er als Begründer der gesamten Maya-Kultur angesehen, als Erfinder der Schrift und der Bücher, als Urheber des Kalenders und als Patron der Medizin.

Bildliche Darstellungen zeigen ihn auch als Beschützer des – im Gegensatz zu seinem eigenen alten Aussehen – stets jugendlich abgebildeten Maisgottes. Auch als Landarbeiter erscheint Itzamná, der auf den Feldern gräbt und die Aussaat bestellt. Es ist hieraus zu schließen, daß

[31] Diego López Cogolludo, Historia de Yucathan, Madrid 1688, S. 192. – Walter Krickeberg, Märchen der Azteken und Inkaperuaner, Maya und Muisca, Düsseldorf 1968, S. 178.

ihm auch Einfluß auf die Fruchtbarkeit der Felder zugeschrieben und er als Nahrungsspender verehrt wurde.

Ganz offensichtlich war Itzamná eine restlos positiv aufgefaßte und ausschließlich mit menschenfreundlichen Zügen versehene Gottheit.

Das dualistische Prinzip hat also in diesem Falle nicht, wie bei Chac, zur Konzeption der Doppelnatur ein und desselben Gottes geführt. Vielmehr kommt die negative Seite des Itzamná durch eine geschlechtliche Differenzierung seiner Gestalt in einer Göttin zum Ausdruck, deren ursprüngliche Identität mit Itzamná noch deutlich wird durch die völlig gleiche Wiedergabe der Gesichtszüge, die aber von dem männlichen Gott unterschieden wird durch den Schlangenkopfputz, den sie als Abzeichen der Göttinnen trägt.

Bei dieser als Gemahlin des Itzamná angesehenen Göttin, die den Namen Ixchel trug, standen unheilvolle, menschenfeindliche Aspekte im Vordergrund ihres Wesens. Sie trug um ihren Hals eine Knochenkette und war umgeben von Symbolen des Todes und einer Zerstörung, die mit den verheerenden Wirkungen des Wassers bei Wolkenbrüchen und Überschwemmungen in Verbindung stand.

In gewisser Hinsicht war jedoch auch ihr Wesen ambivalent, und sie besaß daher auch positive Eigenschaften, die wohl vornehmlich ihrer ehelichen Verbindung mit Itzamná zuzuschreiben waren. Seinem Wesen als Sonnengott korrespondierte ihre Herrschaft über den Mond. Es entsprach der hohen Stellung des Itzamná im Pantheon der Maya, daß sie als Mutter oder Großmutter der Menschheit angesehen wurde. Spezielle Verehrung genoß sie als Herrin der weiblichen Fruchtbarkeit, als Göttin der Geburten, aber auch als allgemeines Numen der Frauen und aller weiblichen Kunstfertigkeiten. Ihr Haupttheiligtum lag auf der Insel Cozumel.

Mit Itzamná traf sich der von ihm beschützte Maisgott darin, daß auch er als eine den Menschen stets nur wohlwollende Gottheit aufgefaßt wurde. Dieser Gott des Lebens, des Wohlstandes, der Fülle reicher Ernten, der allgemeiner Patron des Ackerbaus und der Landwirtschaft überhaupt war, außerdem noch Schutzherr der Ehe, findet sich hinsichtlich der Häufigkeit seiner Darstellung in den Codices an dritter Stelle. Es entspricht dies der Bedeutung des Maises als des Hauptnahrungsmittels Altamerikas.

Es ist charakteristisch sowohl für bildliche als auch für plastische Darstellungen des Maisgottes, von denen einige zu den unumstrittenen Meisterwerken der Maya-Kunst gehören, daß dieser Gott ausnahmslos als jugendlich erscheint.

Wir kennen bis heute seinen Eigennamen nicht und müssen uns daher mit dem von Schellhas vorgeschlagenen Behelf begnügen, der zu seiner Einstufung als Gott E führt. Zuweilen ist er mit einem anderen, namentlich bekannten Vegetationsgott identifiziert worden, nämlich mit Yum Kaax, dem „Herrn der Wälder“.

Einen denkbar scharfen Gegensatz zum Maisgott und einer Mehrzahl anderer guter Götter und Geister der Vegetation, die Nahrung und Leben schenken, bilden die mit ihnen im Kampf stehenden Widersacher, die Gottheiten der Vernichtung und des Todes.

An vierthäufigster Stelle in den Codices erscheint der Todesgott Hunhnau, „Eins Herr“, mit dem sich das Moment des *tremendum*, des Schauervollen und Grausigen der übermenschlichen Macht, aufs engste verbindet. Dieser Herr des Todes, des Unheils, des Nordens, der Finsternis und der Kälte erscheint als Knochengerippe mit Totenschädel. Seine Begleiter und Helfer sind ein Hund, Eulen und ein Geier, der Unheil und Elend verkündet.

Das Skelett dieses Todesgottes weist Schellenornamente auf. Da im heiligen Brunnen von Chichén Itzá eine größere Menge von Schellen gefunden wurde, nimmt man an, daß diese Symbole des Todesgottes den zum sakralen Opfer bestimmten Menschen beigegeben wurden.

Neben Hunhnau erscheinen noch andere Todesdämonen, vornehmlich Ah Puch, Yum Cimil und Cumhau, den ein Maya-Wörterbuch aus christlicher Zeit mit „Luzifer, Fürst der Teufel“ definiert.[32]

Zu den außerirdischen Mächten, die in engster Verbindung mit dem menschlichen Tod gesehen wurden, gehörte auch die seltsamste Gestalt in der Religion der Maya, die zugleich eine singuläre Erscheinung im Rahmen der allgemeinen Religionsgeschichte darstellt. Es war Ixtáb, die „Herrin des Seils“, die Göttin der Selbstmörder. Über sie und ihre Schützlinge besitzen wir einen aufschlußreichen Bericht von Landa, der mit Glaubensvorstellungen der Maya beginnt[33]: „Sie sagen auch und halten es für absolut sicher, daß diejenigen in ihren Himmel eingehen, die sich selbst erhängt haben. Und daher waren es viele, die sich aus nichtigen Anlässen, Sorgen, Mühen oder Krankheiten erhängten, um diesen Dingen zu entgehen und einzugehen und zu verweilen in ihrem Himmel, wo nach ihrer Meinung eine Göttin der Galgen, die sie Ixtáb nannten, ihnen entgegenkam und sie holte.“

Mit dieser Ixtáb, der Göttin der Selbstmörder, und mit ihrer restlos positiven Wertung stehen wir, wie bereits bemerkt, einer der eigenartig-

[32] Anders, a.a.O. (Anm. 29), S. 264.

[33] A.M. Tozzer, Landa's Relación de las cosas de Yucatan, Cambridge, Mass. 1941, S. 132.

sten Gestalten der Religionsgeschichte gegenüber. Die Dresdner Bilderhandschrift enthält eine höchst drastische Darstellung dieser Göttin. Mit einem um ihren Hals geschlungenen Seil hängt sie vom Himmel herab. Ihre geschlossenen Augen sollen den eingetretenen Tod andeuten, und ein schwarzer Fleck auf ihrer Wange weist hin auf die beginnende Zersetzung des Körpers.

Zu den zerstörerischen Mächten gehören zwei Erdbebengötter, die wahrscheinlich zu den ältesten Gestalten im Pantheon der Maya zählen.

Der eine von ihnen ist Zipacna. Das ›Popol Vuh‹ tradiert seine stolzen Worte[34]: „Ich bin der Erschaffer der Berge."

Daß dies jedoch nicht positiv, sondern im Hinblick auf vulkanische Eruptionen zu verstehen ist, geht hervor aus einer anderen Stelle des ›Popol Vuh‹, an der es im Bezug auf Zipacna heißt[35]: „Durch ihn werden die Berge ins Schwanken gebracht. Durch ihn bewegen sich die kleinen und die großen Berge."

Der Name dieses zerstörerischen Dämons der Erde kann auf das aztekische Wort *cipactli* zurückgeführt werden, was „gefräßiges Wassertier" und „Krokodil" bedeutet. Diese philologische Möglichkeit findet ihre sachliche Stütze in einer aztekischen Vorstellung, nach der die Erde aus einem *cipactli* geschaffen wurde.[36]

Demgegenüber ist Cabracan, der Name des zweiten Erdbebengottes, der im späteren Maya-Quiché die impersonale Bedeutung „Erdbeben" angenommen hat, allein aus dem Maya zu erschließen und bedeutet ursprünglich „Zweifuß".

Die dämonische Macht dieses Cabracan kennzeichnet das ›Popol Vuh‹[37]: „Es war Cabracan beschäftigt als Zerstörer der Berge: wenn er mit dem Fuße nur ein wenig auf die Erde stampft, sofort lösen sich die großen Berge und die kleinen Berge durch ihn."

Ihm selbst wurden die Worte in den Mund gelegt[38]: „Ich bin der Zerstörer der Berge" und: „Ich werde die ganze Erde zum Einsturz bringen."

Nach den Berichten des ›Popol Vuh‹ galten Cabracan und Zipacna als Brüder. Der Name ihrer gemeinsamen Mutter war Chimalmat. Es unter-

[34] Eduard Seler, Popol Vuh. Das Heilige Buch der Quiché Guatemalas, Berlin 1975, S. 59.

[35] A. a. O., S. 56.

[36] Eduard Seler, Gesammelte Abhandlungen zur Amerikanischen Sprach- und Altertumskunde, Bd. 2, Berlin 1904, Nachdruck Graz 1960, S. 950.

[37] A. a. O. (Anm. 34), S. 64.

[38] A. a. O., S. 56.

Tafel III: Mexikanischer Sonnengott.

liegt keinem Zweifel, daß dieses Wort dem aztekischen *chimalman* entspricht, das „ruhender Schild" bedeutet und als Name eine Göttin der als Scheibe vorgestellten Erde bezeichnet. Der sachliche Bezug zu den Erdbebengöttern ist damit deutlich. Außerdem galt im mexikanischen Bereich Chimalman als Mutter des toltekischen Priesterkönigs Quetzalcoatl.

Mexikanischer Einfluß hat wohl auch die Verehrung von Kriegsgöttern gefördert, wenn sich auch deren Namen, soweit sie erschlossen wurden, nicht aus dem Aztekischen ableiten. Nach der Häufigkeit seiner bildlichen Darstellungen zu urteilen, besaß der stets mit der schwarzen Farbe des Krieges bemalte Ekchuah vorrangige Bedeutung. Er war zugleich der Patron der weitreisenden Kaufleute, die auch im Aztekenreich den Kriegern rangmäßig gleichgestellt waren.

Nach dem Zeugnis des ›Popol Vuh‹ war Tohil der Hauptgott der Hochlandstämme Guatemalas. Abgesehen von seinem Wesen als Hochgott, sind sein komplexer Charakter und seine vielfältigen Funktionen nicht unter nur einem Gesichtspunkt zu begreifen.

Als gesichert kann seine Herkunft aus dem toltekischen Bereich gelten. In Tollan empfingen die Stämme sein Götterbild. Auf denselben Ursprung verweisen auch seine Beinamen[39]: „Fürwahr, Tohil heißt der Gott der Mexikaner, Yolcuat Quitzalcuat heißt er."

Die Identifikation mit Quetzalcoatl wird in diesem Textabschnitt deutlich ausgesprochen. Denn seinem mexikanischen Namen entspricht die Maya-Form Quitzalcuat. Und in dem vorangestellten *yolcuat* ist eine Wiedergabe des aztekischen Ausdrucks *yohualli ehecatl* zu erkennen, der „Nacht und Wind" bedeutet und als Beiname Quetzalcoatls das Prinzip des Unsichtbaren und Insubstantiellen und damit letztlich das der Transzendenz ausdrückt.

Die gemeinsame Verehrung des mit Quetzalcoatl gleichgesetzten Tohil hatte bei den Maya einen engen und niemals gelösten Zusammenhalt mehrerer Stämme zur Folge, unter denen an erster Stelle im ›Popol Vuh‹ die Quiché genannt werden[40]: „Und die Genossen der Quiché, da folgten weiter die Tam. 'Tohil bei den Tam' heißt der Gott, den die Großväter und Väter der Fürsten der Tam erhielten ... Und die dritten sind die Iloc. Tohil heißt auch der Gott, den die Großväter und Väter der Iloc-Fürsten erhielten, und wir kennen ihn auch noch heute unter diesem Namen.

Und das ist der Name der drei Stämme der Quiché. Sie trennten sich nicht voneinander, denn denselben Namen hat der Gott Tohil bei den

[39] Eduard Seler, a. a. O. (Anm. 34), S. 127.
[40] A. a. O., S. 117f.

Quiché, Tohil bei den Tam, Tohil bei den Iloc. Denselben Namen hat der Gott, und darum trennten sich niemals die drei Quiché."

An einer späteren Stelle im ›Popol Vuh‹ wird zum Kreis der Verehrer des Tohil auch der Stamm der Rabinal gerechnet, der sich zu diesem Gott unter einem regional abweichenden, aber sinnentsprechenden Namen bekennt[41]: „Ebenso heißt auch der Gott der Rabinal-Leute. Nur ein geringer Unterschied besteht in seinem Namen: Hun Toh, sagt man, heißt der Gott der Rabinal-Leute."

Die beiden Namen des Gottes verweisen gleichermaßen auf eine seiner Funktionen. Hun Toh bedeutet „Eins Regen", und Tohil kann mit „Regenwesen" übersetzt werden.

Aber mit seiner Eigenschaft als Spender des Regens und wohl auch als Herr des Donners ist nur einer der vielseitigen und schwer zu vereinenden Wesenszüge dieses Gottes erfaßt. Denn Tohil ist es auch, der den Stämmen seiner Bekenner das Feuer verleiht[42]: „Es gab noch kein Feuer. Aber Tohil ist da, der ist der Gott des Stammes. Bei ihm entstand zuerst das Feuer."

Aber andere Stämme zittern vor Kälte und bitten ihrerseits um Feuer. Ein Bote aus der Unterwelt, der in Gestalt einer Fledermaus auftritt und bald wieder verschwindet, rät, Tohil nach dem Preis des Feuers zu fragen. Die Stämme bieten Gold an. Tohil aber fordert von ihnen als Preis das sakrale Herzopfer.[43]

Zweifellos gehört dieser Bericht zu den rätselhaftesten und am schwersten zu interpretierenden Aussagen über den Gott Tohil. Denn zu bedenken ist, daß Tohil mit Quetzalcoatl, dem erklärten Gegner des Menschenopfers, gleichgesetzt wurde, daß aber mit dieser Identifikation letztlich gerade auf Quetzalcoatl die Einführung der sakralen Tötung bei den Maya zurückgeführt wird.

Schöpfung als Experiment

Im ersten Buch des ›Popol Vuh‹ ist die Schöpfungsgeschichte der Maya überliefert. Sie gehört zu den umfangreichsten Schöpfungsberichten der Religionsgeschichte, und sie gipfelt in einer Erschaffung des Menschen, die erst nach einem Experimentieren mit unzulänglichen Versuchen zum Erfolg führt.

[41] A. a. O., S. 128.
[42] A. a. O., S. 118.
[43] A. a. O., S. 119ff.

Die Situation des Ungestalteten, der chaotischen und lichtlosen Existenz, in der allein der Himmel, die Wohnung der Maya-Gottheiten, als wirklich da-seiend bezeichnet wird, ist Ausgangspunkt und Voraussetzung für die göttliche Beschlußfassung einer Schöpfung, die zunächst als Gedanke der Götter konzipiert wird und dann durch göttliches Wort Gestalt gewinnt.

Die Schilderung dieses Urzustandes vor der Schöpfung gibt Einblick in ein grübelndes Denken der Maya über das Wesen der Welt und über die Existenz des Menschen. Es heißt dort zu Beginn[44]: „Hier ist nun zu berichten, wie einst die Welt in tiefem Schweigen schwebte, in tiefer Ruhe schwebte, in Stille verharrte, sanft sich wiegte, einsam dalag und öde war.

Und dies ist die erste Kunde, die erste Aussage: Es gab keinen Menschen, kein Tier, Vogel, Fisch, Krebs, Baum, Stein, Höhle, Schlucht, Grasbüschel oder Busch – einzig und allein der Himmel war da.

Unsichtbar war das Antlitz der Erde. Einzig und allein das Meer staute sich unter dem Himmelsgewölbe – das war alles.

Kein Ding gab es, das sich zu etwas gestaltet hätte, das auch nur ein wenig sich hätte vernehmen lassen, kein einziges, das sich ein wenig geregt, das gerieselt oder gerauscht hätte im Himmel.

Rein nichts gab es, was gewesen wäre, was ein Dasein gehabt hätte. Nur Wasser staute sich, nur das Meer lag ruhig da, eine einzige Stauung. Rein nichts gab es, was sonst noch gewesen wäre. Nur Ruhe und Stille in Dunkelheit und Nacht."

Diese Situation ist die Voraussetzung für die göttliche Beschlußfassung einer Schöpfung, die zunächst als Gedanke der Götter Gestalt gewinnt: „Sie redeten und berieten nun, überlegten nun sogleich, verständigten sich miteinander und brachten ihre Worte und Erwägungen in Einklang.

Da tauchte der Uranfang des Lichtes, da tauchte auch der Mensch in ihren Plänen auf.

Und dann überdachten sie das Sprießen, das Werden der Bäume und Schlinggewächse, das Aufsprießen des Lebens und die Erschaffung des Menschengeschlechts in Dunkelheit und Nacht, kraft dessen, der das Herz des Himmels und dessen Name Huracan ist."

Huracan, der Gott des Blitzes, dessen Name wahrscheinlich in dem Worte „Orkan" fortlebt,[45] wird hier und an anderen Stellen des ›Popol

[44] Diese und die folgenden Übersetzungen nach: Leonhard Schultze Jena, Popol Vuh. Das heilige Buch der Quiché-Indianer von Guatemala, Stuttgart 1944, S. 4ff.

[45] Als eine andere Erklärung des deutschen Wortes „Orkan" und der ihm entsprechenden Vokabeln in modernen Sprachen ist eine unbewiesene Ableitung von

Vuh‹, oft in Verbindung mit K'ukumatz und mit weiteren Gottheiten, als Schöpfermacht genannt. Es ist jedoch naheliegend, daß letztlich nur Prädikationen eines einzigen Schöpfers gemeint sind. Dafür spricht der Hinweis auf das „Herz des Himmels" *(u gux cah)*, was im mayaistischen wie außerdem auch im aztekischen Bereich – dort in der Formulierung *iyollo ilhuicatl* – eine Bezeichnung für den Hochgott ist. Eine ähnliche Vermutung äußerte Ferdinand Anders[46]: „Das Popol Vuh hat nicht einen Schöpfergott oder ein Schöpferpaar; es kehrt immer eine ganze Reihe von Namen wieder. Heute können wir nicht mehr entscheiden, ob es sich dabei jeweils um eigene, selbständige Paare gehandelt hat oder aber zum größten Teil nur um ehrende, ehrfurchtsvolle Beinamen der Personifikation des Schöpfungsaktes, der für die Indianer von einem geheimnisvollen Zauber umgeben war."

Wesentlich ist, daß schon in der Planung die Schöpfungsakte der durch die Maya-Götter repräsentierten numinosen Macht letztlich zur Bildung des Menschen tendieren. Und auch das Motiv dieser Intention wird bei der Beratschlagung über das in Angriff zu nehmende Werk ganz klar zum Ausdruck gebracht: Der Mensch soll zum Ruhm der Götter seine Existenz erhalten. Denn so sprachen die Maya-Götter: „Es gibt ja keinen Glanz, kein Ansehen, keinen Ruhm für diesen unseren Bau, unsere Schöpfung, ehe denn der Mensch erschaffen ist."

Freilich steht der Mensch nicht am Anfang der Schöpfung. Vielmehr ist es zunächst notwendig, seine Lebenswelt zu bilden. Die Schöpfungsakte beginnen daher mit der Gestaltung der Erde.

In dem Bericht hierüber setzt sich die vergeistigte Ansicht von der Schöpfung, die zunächst als Gedanke der Götter konzipiert war, fort, indem nun als Mittel der Gestaltung das göttliche Wort wirksam ist: „Und alsbald vollzog sich die Entstehung der Erde durch sie. Ja wahrhaftig, es vollzog sich ihre Entstehung. Auf daß die Erde erstünde, sprachen sie ‚Erde!' und augenblicklich entstand sie."

Der Vorgang der durch göttliches Wort veranlaßten Erdentstehung wird vorgestellt als ein Auftauchen des festen Landes aus dem Urwasser: „Nur wie eine Wolke, wie ein Nebel war sie – die Erde – bei ihrem Entstehen, im Ursprung ihrer Körperlichkeit. Dann hörte man die Berge aus dem Wasser kommen, große Berge waren es sogleich.

dem ebenfalls Huracan lautenden Namen des Sturmgottes der Insel-Aruaks in Erwägung gezogen worden; vgl. zu beiden Etymologisierungsversuchen: Georg Friederici, Amerikanistisches Wörterbuch und Hilfswörterbuch für den Amerikanisten, Hamburg 1960, S. 304 ff.

[46] Anders, a. a. O. (Anm. 29), S. 98.

Nur Zauberkraft, nur Wunderkraft ließ den Gedanken an Berge und Ebenen zur Tat werden, im selben Augenblick auch die Entstehung der Zypressenhaine und der Kieferwälder ihrer Oberfläche."

„Zuerst waren die Erde, Berge und Ebenen entstanden. Und es wurden die Wege der Gewässer allenthalben aufs beste geordnet: sie zogen sich schlängelnd am Fuß der vielen Berge zwischen ihnen hindurch. Wohl abgeteilt waren nunmehr die Flüsse, nachdem das hohe Gebirge erschienen war."

Zum Abschluß dieses Berichtes über die Gestaltung der Erdoberfläche wird noch einmal auf den göttlichen Gedanken als Voraussetzung und als gestaltende Kraft dieses Werkes hingewiesen mit den Worten: „So wurde dies also erdacht, indem sie nachsannen, indem sie erwogen, was durch sie zurechtkommen, zur Tat werden sollte."

Der folgende Abschnitt in der Schöpfungsgeschichte des ›Popol Vuh‹ berichtet über die Erschaffung der Tiere, zugleich aber auch über ihre darauffolgende Verdammung. Die Motivierung der nunmehr getroffenen Bestimmung, daß hinfort das Fleisch der Tiere der Vernichtung preisgegeben werden soll, ist bezeichnend für die Intention der Götter bei ihrem Schöpfungswerk. Den Tieren war von den Göttern zunächst aufgetragen worden: „So nennt nun unsere Namen, erweist uns Ehre. Richtet das Wort an Huracan, den grünen Blitz, das Herz des Himmels. Sprecht laut, ruft uns an, betet zu uns!"

Aber die Tiere können dieses Gebot der Götter nicht befolgen: „Sie machten nur Gebärden, benahmen sich unflätig, brüllten nur. Unverständlich war der Sinn ihrer Laute."

Bestürzt reagieren darauf die Götter: „Sie – die Tiere – haben es ja ganz und gar nicht fertiggebracht, unsere Namen zu nennen, ob wir gleich ihre Baumeister und wir ihre Schöpfer sind."

Diese Feststellung bringt eine Enttäuschung der Götter zum Ausdruck, damit zugleich aber auch eine beträchtliche Einschränkung göttlicher Allwissenheit, die hier speziell die Voraussicht über die Entwicklung des eigenen Werkes betrifft. An die Stelle des vorbedachten Wissens über Möglichkeiten und Grenzen der Kreatur tritt damit deutlich das Experiment der göttlichen Schöpfung. Und als dieses Experiment an den Schranken der tierischen Existenz scheitern muß, folgt der göttliche Spruch der Verdammung: „Ihr habt es nicht fertiggebracht, ihr habt euch nicht des geringsten Wortes bedient. So nehmt nun hin, was eure Bestimmung ist: Euer Fleisch soll zerkaut werden. Ja, das geschehe, das also ist es, zu was ihr berufen sein sollt."

In diesem Abschnitt, der die Unvollkommenheit der Erschaffung der Tiere so deutlich zum Ausdruck bringt und damit das Experiment, in ihnen würdige und überhaupt fähige Verehrer der Götter zu finden, als mißlungen feststellt, findet sich ein Satz, der als Aussage der Götter wie eine Zusprache eigener Hoffnung klingt, jedoch keine Gewißheit der Erfüllung zum Inhalt hat; es heißt dort: „Aber wahrlich es gibt, ja es gibt wohl Wesen, uns anzubeten und uns Ehre zu erweisen: Die laßt uns nunmehr machen!"

Dieser Appell leitet über zu dem weiteren Schöpfungsakt der Bildung der Menschen, der dann ausdrücklich als „ein neuer Versuch" bezeichnet wird, und zwar als ein Versuch, dessen Absicht ganz genau ausgesprochen wird: „Machen wir uns einen Fürsorger, einen Betreuer! Laßt uns versuchen, ein Wesen zu schaffen, das gehorsam ist, das Ehrfurcht empfindet, das fürsorgt, uns dient!"

Bei der Erschaffung der Menschen tritt das Motiv des Experimentierens, des Versuchs mit verschiedenen Möglichkeiten, am deutlichsten zutage. Denn die ersten Menschen, denen die Götter das Leben verliehen, wurden aus Erde und Schlamm gebildet. Aber die Götter mußten diese ihre eigene Schöpfung verwerfen. Denn sie sahen ein, „daß dieses Wesen nichts taugte: Es war nur da, um zu zerfallen, war ganz breiig, ganz schlaff, ganz hinfällig, war nur dazu da, zunichte zu werden. Nicht im geringsten konnte sein Kopf sich drehen, nur in eine Richtung war sein Gesicht gewandt, völlig verschleiert war sein Blick. Sprechen konnte es zwar, aber Verstand hatte es nicht. Und gleich zerfloß es im Wasser, hatte keinen Bestand. Darauf zerstörten die Götter denn, zerkneteten sie ihren Bau, ihre Schöpfung."

Auf dieses erste, unzulängliche Experiment der Bildung von Menschen aus Schlamm folgt als zweites dasjenige der aus Holz gemachten Menschen. Aber auch diese Geschöpfe sind doch höchst unvollkommen und nicht geeignet, Verehrer der Götter zu werden. Ihre Mängel werden in folgender Weise beschrieben: „Aber sie hatten keine Seele und keinen Verstand, nicht einmal eine Erinnerung an ihren Schöpfer hatten sie. Sinnlos trieben sie sich umher und gingen auf allen vieren. Nicht einmal an das Herz des Himmels erinnerten sie sich. Daher verkamen sie an Ort und Stelle – es war ja nur ein Versuch, eine Wegbereitung zum Menschen."

Dieser ausdrücklich als „Wegbereitung zum Menschen" charakterisierte Versuch wird auf Beschluß des Gottes Huracan, der hier – wie oft in diesen Texten – als „Herz des Himmels" bezeichnet und damit dem Hochgott gleichgesetzt wird, zerstört durch eine große Flut.

Es ist in religionsphänomenologischer Hinsicht bemerkenswert, daß hier das Motiv für den göttlichen Beschluß einer Sintflut nicht im Versagen von Menschen besteht, denen ethische Wahlmöglichkeiten gegeben waren, sondern im Mißlingen eines göttlichen Versuches, der nun, da er sich als unzulänglich erwiesen hat, abgebrochen und vernichtet werden soll.

Dieser Bericht über die Maya-Traditionen von einer Sintflut beschreibt das Ergebnis in wenigen Sätzen: „Darauf wurde auch mit den Menschen aus Holz ein Ende gemacht. Sie wurden ausgerottet und aufgerieben – ja, zunichte gemacht wurden die aus Holz gefertigten Menschenbilder. Es wurde vom Herzen des Himmels erdacht, sie zu ertränken. Eine große Überschwemmung entstand, die kam über die Scheitel der Menschenbilder, die da aus Holz geschnitzt waren."

Der dritte und endgültige Ansatz zur Schöpfung von Menschen besteht in deren Bildung aus Mais. Die damit erkennbare Vorstellung, daß die Menschen letztlich aus Mais bestehen, beruht natürlich auf der Bedeutung, die der Mais als vornehmste Kulturpflanze und als Hauptnahrungsmittel Altamerikas besaß. Und diese Vorstellung vom Mais als Bildungselement der Menschen war ganz offensichtlich über den Maya-Bereich hinaus verbreitet. Einer der Namen des aztekischen Hochgottes war Tonacatecutli, „Herr unseres Fleisches". Auch hierbei wurde unter dem Fleisch, dessen Herr der oberste Gott war, der Mais verstanden.

Im Gebiet der Maya galten die ersten vier dieser Maismenschen als Urväter des Quiché-Volkes. Über ihre Erscheinung und ihr Wesen berichtet das ›Popol Vuh‹: „Sie sprachen und formten Worte, sie sahen gut aus und sie hörten, sie gingen einher und griffen mit Händen. Wohlgeratene, schöne Menschen waren sie, edel in ihrer Erscheinung. Sie hatten Gedanken, sie nahmen wahr, und sofort erreichte ihr Blick sein Ziel. Schließlich sahen, schließlich kannten sie die ganze Welt. Wenn sie Umschau hielten, konnten sie sogleich von der Höhe zur Tiefe das Himmelsgewölbe und das Innere der Erde erblicken und überschauen."

Diese Menschen, deren Bild hiermit als die Vollendung aller kreatürlichen Wesen gezeichnet wird, sind es auch, die endlich ihrer Sinngebung durch Diensterweisung gegenüber den Göttern entsprechen und deren Wunsch nach Dank und Verehrung erfüllen können. Denn sie wenden sich an die Götter mit den Worten: „Wahrlich, habt zweimal Dank, dreimal Dank! Wir sind ja Menschen geworden und haben Mund und Gesicht bekommen! Wir sprechen, wir hören, wir denken, wir bewegen uns. Gut sind wir uns dessen bewußt, was wir in Ferne und Nähe kennengelernt und was wir Großes und Kleines im Himmel und auf Erden gesehen haben."

Aber diese menschliche Aussage eines umfassenden Wissens über Himmel und Erde ist es, die die Bedenken der Götter hervorruft und die Sorge, daß aus ihren Geschöpfen Rivalen werden könnten, die die der

Kreatur gesetzten Grenzen zu überschreiten fähig sein würden. Die Götter beratschlagen daraufhin: „Vom Übel ist es, was unsere Geschöpfe da sprechen: Über alles Große und Kleine, sagen sie, wüßten sie Bescheid. Verdienen sie nicht, bloß Kreaturen, bloß Geschöpfe genannt zu werden? Ja, aber darüber hinaus werden sie Götter! Werden sie mit ihren Taten nicht uns gleichgesetzt werden, uns, deren Wissen fernhin reicht, die wir alles sehen?"

Das Ergebnis dieser Überlegungen der Götter ist jedoch nicht noch einmal ein Beschluß zur Vernichtung auch dieses, des dritten Versuches zur Gestaltung des Menschen. Vielmehr machen die Götter sich jetzt daran, den allzu großen Verstand ihrer Geschöpfe zu trüben. Dies geschieht in folgender Weise: „Nur angeatmet wurden ihre Augen vom Herzen des Himmels. Da trübten sie sich ... Nur das in der Nähe sahen sie noch, nur das allein war, was ihnen sichtbar blieb. Auf diese Art ging ihr Wissen verloren und mit ihm die Geisteskraft der vier Menschen, die Wurzel und Ursprung unseres Geschlechtes sind."

Es folgt hierauf noch ein letzter Schöpfungsakt. In durchaus eigenartiger Weise nämlich verbindet das ›Popol Vuh‹ die Trübung des männlichen Verstandes mit der Existenz der Frauen.

Erst als die vier Urväter der Quiché durch göttlichen Eingriff die Größe und Weite ihrer ursprünglichen Geisteskraft eingebüßt haben, werden ihnen von den Göttern Frauen gegeben. Im Text folgt auf die Beschreibung des Verlustes der einstigen Verstandesgröße der Urväter der Quiché unmittelbar der Satz: „Nun traten auch ihre Ehefrauen ins Dasein, und ihre Weiber entstanden."

Der breite Raum, den das ›Popol Vuh‹ dem Schöpfungsbericht einräumt, läßt darauf schließen, daß kosmo- und anthropogonische Vorstellungen eine große religiöse Bedeutung besaßen.

Der Kampf in der Unterwelt

Das Ballspiel, das bei Azteken und Maya sakralen Charakter trug, mithin ein kultischer Akt war, fand auf ummauerten Plätzen statt, auf denen ein elastischer Kautschukball, der nur mit den Knien oder Hüften bewegt werden durfte, vom Sieger durch einen der beiden in die Seitenwände eingelassenen Steinringe gestoßen werden mußte.[47]

Aus dem Bereich der Maya ist uns ein in der Unterwelt lokalisierter

[47] Walter Krickeberg, Das mittelamerikanische Ballspiel und seine religiöse Symbolik, in: Paideuma 3 (1948), S. 118–190.

Mythos überliefert, dessen kämpferische Entscheidung durch ein Ballspiel ausgetragen wurde. Dieser Mythos, der zu den eigenständigsten Überlieferungen der Maya zählt, bildete die Grundlage für kultische Repristinationen.[48]

Im Mittelpunkt steht ein göttliches Brüderpaar, das Kalendernamen trägt, die offenbar auf den Tag ihrer Geburt hinweisen sollen. Der eine der Brüder heißt Hun hunahpu, „Eins Blume“, der andere Vucub hunahpu, „Sieben Blume“.

Diese beiden Brüder gelten als große Ballspieler und werden von den Herrschern des „Schreckensortes“ Xibalba, womit die Unterwelt bezeichnet wird, zum Wettkampf im Ballspiel herausgefordert. Die beiden Herrscher von Xibalba werden schon durch ihren Namen deutlich als Todesgötter gekennzeichnet; sie heißen Hun Came, „Eins Tod“, und Vucub Came, „Sieben Tod“.

In der Unterwelt unterliegen Hun hunahpu und Vucub hunahpu nach vielen ihnen auferlegten Prüfungen und werden getötet. Die Todesgötter triumphieren[49]: „Gut also, so sind denn eure Tage jetzt zu Ende. Ihr seid des Todes, ihr werdet zugrunde gehen, ihr werdet ganz und gar verstümmelt werden! Hier werdet ihr euer Angesicht verbergen, ihr werdet hingerichtet!“

Mit dem Tod der beiden göttlichen Ballspieler erreicht der Mythos seinen Tiefpunkt, aber keineswegs seinen Abschluß. Den unterlegenen Ballspielern werden auf magische Weise Söhne und damit Rächer geboren. Dieses jüngere Heroenpaar trägt die Namen Hunahpu und Xbalanque. Hunahpu heißt, unter Wegfall von hun, nach seinem Vater, Xbalanque kann als „weiblicher Jaguar“, aber auch als „kleiner Jaguar“ verstanden werden.[50]

Hunahpu und Xbalanque verrichten, nachdem sie von ihrer Großmutter aufgezogen worden sind, eine Reihe von Heldentaten; unter anderem überwinden sie die Erdbebengötter Zipacna und Cabracan. Dann folgen auch sie einer Aufforderung zu einem Ballspiel in der Unterwelt, das aber diesmal glücklich und erfolgreich ausgeht. Sie triumphieren über die Todesmächte der Unterwelt, besiegen und töten sie. Dann be-

[48] Eduard Seler, Popol Vuh. Das Heilige Buch der Quiché Guatemalas, Berlin 1975, S. 66ff. – W. Krickeberg, in: Krickeberg, Trimborn, W. Müller und Zerries, Die Religionen des alten Amerika, Stuttgart 1961, S. 81f.

[49] Vgl. Seler, a. a. O., S. 73.

[50] Der anlautende, von den Spaniern mit x wiedergegebene Zischlaut kann vor Eigennamen das weibliche Geschlecht bezeichnen oder auch als Verkleinerungspartikel fungieren.

leben sie erneut das erste, unterlegene Heroenpaar und versetzen Hun hunahpu zur Sonne und Vucub hunahpu zum Mond.

Das ›Popol Vuh‹ schildert das Ergebnis des Kampfes in folgender Weise[51]: „Hunahpu und Xbalanque sahen drunten in der Unterwelt auch ihre Väter wieder ... ‚Ihr sollt in Zukunft göttliche Ehren genießen', sprachen ihre Söhne zu ihnen, und ihr Herz wurde dadurch getröstet. ‚Ihr sollt allen anderen Göttern vorangehen und sollt auch durch die Kinder der Dämmerung vor allen anderen verehrt werden. Nimmer soll euer Name vergehen; so geschehe es!' So sprachen sie zu ihren Vätern, indem sie sie trösteten. ‚Wir sind nur die Rächer eures Todes und eurer Vernichtung, der Qualen und Schmerzen, die euch zugefügt worden sind.'

Nachdem sie so allen Bewohnern Xibalbas, die von ihnen besiegt worden waren, ihren Willen kundgetan, stiegen sie hinauf aus der Unterwelt mitten ins Licht des Tages, und sogleich stiegen ihre Väter zum Himmel empor. Dem einen wurde die Sonne, dem anderen der Mond zuteil. Da wurde es Licht in der Wölbung des Himmels und auf der Fläche der Erde, und am Himmel weilten sie nun fortan."

Dieser Abschluß des Mythos schließt mit seiner Sinngebung. Es handelt sich um einen Kampf der Mächte des himmlischen Lichtes gegen diejenigen der Finsternis und des Todes, um einen Kampf, der mit Hilfe des Ballspiels entschieden wird. Damit ist auch der Sitz im religiösen Leben, den das sakrale Ballspiel einnahm, völlig deutlich. Die kultische Repristination dieses mythischen Geschehens sollte den immer erneuten Sieg des himmlischen Lichtes über die Finsternis sicherstellen.

Das mythische Weltbild

Hinsichtlich seiner räumlichen Ordnung kannte das Weltbild der Maya neun Sphären der Unterwelt, die als aufeinanderfolgende Schichten vorgestellt wurden. Es entsprach der Tendenz einer zahlenmäßig fortschreitend reicheren, aber inhaltlich oft blassen Ausgestaltung des Pantheons, daß über jede dieser unterweltlichen Sphären ein Numen als Herrscher angenommen wurde. Diese neun Götter der Unterwelt wurden mit dem Sammelbegriff der Bolontiku bezeichnet. *Bolon* ist „neun", *ti* bedeutet „von", und *ku* ist das bekannte Appellativ für „Gott".

Auch die himmlischen Sphären, als deren unterste die Erde galt, wurden als horizontal übereinandergelagert angesehen. Man unterschied

[51] Walter Krickeberg, Märchen der Azteken und Inkaperuaner, Maya und Muisca, Düsseldorf 1962, S. 166.

dreizehn solcher Himmelsbereiche. Über sie herrschten die sogenannten „dreizehn Götter", die Oxlahuntiku; *oxlahun* ist das Zahlwort für „dreizehn".

Diese Vorstellungen des räumlichen Weltbildes der Maya entsprachen weitgehend denen der Azteken, die ebenfalls dreizehn, allerdings häufig auch neun Himmel und neun Unterwelten annahmen.

Wie das räumliche, so wies auch das zeitliche Weltbild der Maya eine enge Verwandtschaft auf zu aztekischen Anschauungen. In beiden Fällen bestand die Ansicht von einem zyklischen Ablauf des Geschehens in verschiedenen Perioden, verschiedenen Weltzeitaltern, die in der Vergangenheit jeweils durch Katastrophen beendet worden waren. Und ganz wie im aztekischen Bereich bestand bei den Maya die Befürchtung, daß auch das gegenwärtige Weltzeitalter auf ein katastrophales Eschaton tendiere, das in apokalyptischen Bildern ausgemalt wurde.

Die Dresdner Handschrift stellt dar, wie sich am Ende des gegenwärtigen Weltalters aus dem Maul des Himmelsdrachen Wasserfluten über die Erde ergießen und Götter an dem Zerstörungswerk teilnehmen werden.

Nach anderen Vorstellungen stellt sich das Ende des gegenwärtigen Weltalters dar als eine Überwindung der himmlischen Mächte durch die Gewalten der Unterwelt. Das „Krokodil vom Hause des Herabtropfens", also der Himmelsdrache, wird sich dann mit dem Todesgott und den neun Göttern der Unterwelt verbünden, und gemeinsam werden sie Peten zerstören; *peten* bedeutet wörtlich die „Insel", und die Maya verstanden darunter die ihnen bekannte Erde.

Bei dieser Zerstörung der Erde werden die Götter der Unterwelt die dreizehn himmlischen Mächte überwinden. Sonne und Mond werden herabfallen, und der Himmel und die Erde werden in Flammen aufgehen.[52]

Das ›Chilam Balam von Titzimin‹ schildert den Weltuntergang in folgender Weise[53]: „Dreizehn ahau ist der Tag, da sich Sonne, Mond und Nacht vereinigen werden. Da bricht der Morgen an für die dreizehn Götter (des Himmels) durch die neun Götter (der Unterwelt). Da hebt es an, daß man das 'Krokodil vom Hause des Herabtropfens' ergreift, wodurch die Welt gerichtet wird. Unser Vater, der Himmel, stürzt über der Erde zusammen, und die dreizehn Götter gelangen ans Ziel ihrer Tage (an ihr Ende). Der große Weltuntergang bricht an. Da erhebt sich das große 'Krokodil vom Hause des Herabtropfens', wodurch die Zählung

[52] Die Religionen des alten Amerika (Anm. 48), S. 71.
[53] Krickeberg, a. a. O. (Anm. 51), S. 182.

der Zeitperioden ein Ende findet. Das ist die allgemeine Trunkenheit (der Weltuntergang), durch die die Zählung der Zeitperiode ein Ende finden wird ... (An diesem Tage) schwärzen sich die duftenden Blumen, Sonne und Mond fallen auf ihr Antlitz, die blutige Strafe kommt herab, Himmel und Erde brennen, und ein allgemeines Gericht findet statt über die Lebendigen und die Toten."

Aufgabe und Schicksal des Menschen

Mit unmißverständlicher Klarheit überliefern die Traditionen der Maya die Aufgaben, vor die sie die Menschen gestellt sehen. Der Schöpfungsbericht des ›Popol Vuh‹ spricht deutlich aus, daß die Götter von den Menschen Lobpreisungen erwarten und den Dank für die von ihren Schöpfern verliehene Existenz.

Der Mythos vom Ballspiel in der Unterwelt war Vorbild für ein stets zu erneuerndes kultisches Handeln, das der Sicherung der bestehenden Lebenswelt diente und sie vor katastrophalen Gefahren bewahrte.

Obwohl in weitaus geringerem Maße als auf dem Hochland von Mexiko, hat es doch das Menschenopfer auch bei den Maya seit den Zeiten des Alten Reiches gegeben. Bildliche Darstellungen und archäologische Funde bezeugen dies bereits für die frühe Zeit. Durch Grabfunde ist für Palenque die Tötung von Dienern nachgewiesen, die bei der Bestattung ihres Herrn diesem als Totenbegleitopfer ins Grab gegeben wurden, um ihn im Jenseits zu begleiten und ihm dort in gleicher Weise zur Verfügung zu stehen wie im irdischen Leben.

Das sakrale Menschenopfer durch Aufschneiden der Brust und Herausreißen des Herzens, das sogenannte Herzopfer, war ein kultischer Akt, der sich im Neuen Reich offensichtlich unter mexikanischem Einfluß verbreitete. Noch im Jahre 1623 haben die Maya dieses Opfer an einem Franziskaner-Missionar und an seiner Begleitung vollzogen.

Ein Spezifikum des Kultes der Maya war das Ertränken der Opfer. Offenbar war dieser Ritus als lokaler Kult auf den schon mehrfach erwähnten Brunnen von Chichén Itzá beschränkt, um den Regengott Chac versöhnlich zu stimmen.

Während die sakrale Menschentötung vornehmlich in Notzeiten vollzogen wurde, bestand das gewöhnliche Opfer aus Früchten, Blumen und Tieren. Es erinnert dies an die Opferpraxis des toltekischen Priesterkönigs Quetzalcoatl. Wie bei ihm, so gehörten bei den Maya kleinere Vögel zu den Opfertieren, außerdem wurden Truthähne und Hunde bevorzugt.

Beziehungen zur Religiosität Quetzalcoatls hatte diejenige der Maya auch hinsichtlich der weit verbreiteten Übung der Selbstkasteiung. Die Maya entzogen sich dabei das Blut aus dem Ohr, und sie besprengten mit diesem eigenen Blut die Bilder ihrer Götter.

Es war charakteristisch für die kultischen Zeremonien der Maya, daß sie durchweg eingeleitet wurden mit sehr streng befolgten Fastenübungen. Das Unterbrechen einer Fastenzeit galt allgemein als schwere Versündigung.

Zum unblutigen Bereich rituellen Handelns gehörten ausgedehnte und jeweils von einer sehr großen Anzahl von Teilnehmern ausgeführte sakrale Tänze. Sie wurden getrennt nach Geschlechtern vollzogen. Der profane Tanz war den Maya völlig unbekannt.

Als eine Besonderheit der religiösen Praxis der Maya verdienen ihre Wallfahrten Erwähnung. Ihr Ziel waren zentrale Heiligtümer, an denen oft eine Orakelerteilung gesucht wurde. Der Priester, von dem man dies erwartete, mußte sich zuvor in einen Trancezustund versetzen.

Mittler zwischen Menschen und Göttern waren im Maya-Bereich offensichtlich die außerordentlich einflußreichen Priester. Die allgemeine Bezeichnung des Priesters war *ahkin*, „der von der Sonne". Unter sich war das Priesterum in verschiedene Klassen aufgeteilt. An der Spitze dieser hierarchischen Ordnung stand der Hohepriester, der den Titel *ahaucan* trug, was „Schlangenfürst" bedeutet.

Die Obliegenheiten des Hohenpriesters waren sehr zahlreich und erforderten eine sowohl in den Wissenschaften der Maya als auch in Verwaltungsangelegenheiten gleichermaßen erfahrene Persönlichkeit. Denn ihm unterstand nicht allein die Aufsicht über die Studien der Priesterschüler. Er mußte auch die ausgebildeten Geistlichen an die Tempel der einzelnen Städte delegieren und ihre Tätigkeit kontrollieren. Außerdem beaufsichtigte er die wirtschaftliche Verwaltung der Tempelbezirke. Spezifische kultische Aufgaben nahm er dagegen nur an den großen Festen wahr, und in keinem Falle vollzog der *ahaucan* sakrale Menschenopfer.

Neben seinen geistlichen Verpflichtungen fungierte der Oberpriester aber auch in jenen Zeiten, in denen er nicht ohnehin selbst die weltliche Macht ausübte, als politischer Berater des Herrschers, des *halach vinic*. Es war daher auch seine Aufgabe, in allen Staatsangelegenheiten gründliche Kenntnisse zu besitzen. Dieser Fülle verantwortlicher Verpflichtungen entsprach eine außerordentliche Ehrerbietung, mit der man dem *ahaucan* begegnete.

Dem Oberpriester waren die übrigen Priesterklassen unterstellt. Besondere Hochachtung genoß dabei die Klasse der *chilan*. Das Wort bedeutet „Mundstück, Sprachrohr, Dolmetscher", wobei im Hinblick auf die Priesterklasse der *chilan* ergänzend „Sprachrohr der Götter“ zu übersetzen ist. Denn es handelte sich um die Klasse der Orakelpriester, die die Absichten und den Willen der Götter verdolmetschten und verkündeten.

Bezeichnend für die Einstellung der Maya zum Menschenopfer war es, daß der *macom*-Priester, der die sakralen Tötungen zu vollziehen hatte, auf der Rangliste an unterster Stelle stand.

Die Maya glaubten an ein ewiges Fortleben der menschlichen Einzelseelen. Mexikanische Anschauungen haben offenbar in späterer Zeit die Vorstellungen über die Bedingungen zur Aufnahme einerseits in ein himmlisches Paradies, andererseits in die Unterwelt beeinflußt. Wie die Azteken, so sahen dann auch die Maya das Jenseitsgeschick durch die Todesart bestimmt, wodurch die kultisch oder im Krieg Geopferten und die im Kindbett verstorbenen Frauen als privilegiert galten.

Daneben bestand als die vielleicht ursprünglichere Anschauung die Annahme einer Rangordnung, die durch ethische Qualifikationen während des irdischen Lebens der Verstorbenen bestimmt war. Dies entnehmen wir dem Zeugnis von Landa[54]: „Das zukünftige Leben schied sich in ein gutes und ein schlimmes, in ein beschwerliches und ein geruhsames. Das schlimme, beschwerliche war den Lasterhaften, das gute, genußreiche denen, die nach ihrer Weise tugendhaft gelebt hatten, beschieden. Die Annehmlichkeiten, die die Guten erlangten, bestanden darin, daß sie an einen Ort voller Genüsse gingen, wo ihnen nichts mehr Beschwerde bereitete, wo es eine Fülle von Lebensmitteln von höchstem Wohlgeschmack gab und wo ein Baum stand, der Yax che heißt und Kühle und Schatten in reichem Maße spendete, eine Ceiba, unter deren Zweigen sie allesamt im Schatten ruhten und ewige Beschaulichkeit genossen.

Die Beschwerden des schlimmen Lebens, das die Bösen führen mußten, bestanden darin, daß sie an einen Ort gingen, der tiefer lag als jener andere und Mitnal hieß, was ‚Unterwelt‘ bedeutet, und daß sie dort von Dämonen geplagt wurden und große Pein durch Hunger, Kälte, Müdigkeit und Traurigkeit erlitten. An diesem Ort herrschte ein Dämon, der der Fürst über alle anderen war und dem alle gehorchten.“

[54] Diego de Landa, Relation des choses de Yucatan, hrsg. von Brasseur de Bourbourg, Paris 1864, S. 200ff. – Krickeberg, a. a. O. (Anm. 51), S. 181.

DIE INKA

Tahuantinsuyu – Das Reich der vier Weltgegenden

Das Reich der Inka, das, erschüttert durch innere Thronstreitigkeiten, im Jahre 1532 unter dem Ansturm einer zahlenmäßig relativ kleinen Schar spanischer Eroberer zusammenbrach, hatte in den Tagen der Conquista seine größte Ausdehnung erreicht.[1] Es umfaßte die peruanischen Kernlande mit Grenzgebieten des heutigen Bolivien, ferner im Norden Teile des späteren Ecuador und Kolumbiens, im Süden den größten Teil von Chile mit angrenzenden argentinischen Gebieten.

Seiner riesigen nord-südlichen Ausdehnung über 37 Breitengrade entsprach es, daß sich dieses Imperium der Inka als „Gesamtheit der vier Weltgegenden" verstand, als Tahuantinsuyu.[2] Im Quechua, der Hoch- und Verwaltungssprache der Inka, bedeutet *tahua* „vier", *ntin* bezeichnet die Gesamtheit, und *suyu* heißt „Land", „Welt- oder Himmelsgegend".

Gegenüber der weiträumigen nord-südlichen Ausdehnung war diejenige in west-östlicher Richtung bedeutend geringer. Sie umfaßte einmal die von Stromtälern durchzogene Küstenregion zwischen dem Pazifischen Ozean und den Anden, deren Breite zwischen 16 und 160 Kilometern schwankt. Eine völlig andere Landschaft mit durchaus abweichenden Lebensbedingungen stellte die Zone des andinen Hochlandes dar.

Man muß sich diese geographischen Gegebenheiten mit ihren unterschiedlichen klimatischen und wirtschaftlichen Bedingungen vor Augen

[1] Vorzügliche Darstellung des Inka-Reiches, seiner Kultur und Religion: Rafael Karsten, Inkariket och dess kultur i det forna Peru, Helsingfors–Stockholm 1938; dt.: Das altperuanische Inkareich und seine Kultur, Leipzig 1949. – Vgl. ferner: Heinrich Cunow, Geschichte und Kultur des Inkareiches, Amsterdam 1937. – Hans D. Disselhoff, Das Imperium der Inka. Berlin 1974; Taschenbuch-Ausgabe München 1978. – Clements R. Markham, The Incas of Peru, London 1910. – Speziell unter archäologischem Gesichtspunkt stehen die Untersuchungen von Heinrich Ubbelohde-Doering, Auf den Königsstraßen der Inka. Reisen und Forschungen in Peru, Berlin 1941. – Gesellschaftspolitische Gesichtspunkte stehen im Mittelpunkt bei Louis Baudin, Der sozialistische Staat der Inka, Hamburg 1956.

[2] Hans-Dietrich Disselhoff, Tahuantinsuyu – Das Reich der Inka, in: Saeculum 2 (1951), S. 76–113.

Abb. 11: Inkaische Tempelmauer im Bergland.

führen, um die historische Leistung der Inka zu ermessen, die ein Reich schufen, das derartige landschaftliche Unterschiede umfaßte und in einer politischen Einheit verband.

Wie das Reich der Azteken, so war auch der Staat der Inka eine historisch relativ späte Erscheinung. Zwar reichen alte Überlieferungen zurück bis ungefähr zum Jahre 1200 n. Chr., und sie nennen als frühesten Herrscher Manco Capac, der die Stadt Cuzco, die spätere Metropole des Inka-Reiches, begründete[3]: „(Manco Capac) zog in das Tal, in dem die Stadt Cuzco heute liegt, erhob seine Augen zum Himmel und betete de-

[3] Pedro de Cieza de León, Auf den Königsstraßen der Inkas, hrsg. von Victor Wolfgang von Hagen, Stuttgart 1971, S. 146.

Abb. 12: Die Inka-Stadt Machu Picchu.

mütig zur Sonne, sie möge ihm gnädig sein und ihm beim Bau der neuen Stadt helfen."

Auf Manco Capac folgten, mit jeweils unsicheren Regierungsdaten, Sinchi Roca, Lloque Yupanqui, Mayta Capac, Capac Yupanqui, Inka Roca, Yahuar Huacac und Huiracocha.

Aber erst unter dem neunten Inka der traditionellen Herrscherlisten,

Abb. 13: Inka Tupac Yupanqui in Festtracht.

unter dem Usurpator Yupanqui, der von 1438 bis 1471 regierte und sich den programmatischen Thronnamen Pachacutic, „Weltenwende“, gab, begannen die entscheidenden Schritte zu einer Großmachtbildung.[4]

Die meisten Überlieferungen schildern Pachacutic als eine herrische, ungnädige Persönlichkeit. Nur in dem Spiel ›Ollanta‹, einer der seltenen dramatischen Dichtungen aus indianischer Zeit, erscheint er als gütiger, väterlich verstehender und verzeihender Herr seiner Untertanen.[5]

[4] M. R. T. de Diez Canseco, Pachacutec Inca Yupanqui, Lima 1953.

[5] E. W. Middendorf, Ollanta. Ein Drama in der Keshuasprache, Leipzig 1890. – J. J. von Tschudi, Ollanta. Ein altperuanisches Drama in der Kechuasprache, Wien 1875.

Auf Pachacutic folgten, ehe die spanische Conquista das größte Reich der indianischen Welt zerstörte, nur noch wenige Inka-Herrscher. Es waren dies Tupac Yupanqui (1471–1493), Huayna Capac (1493–1527) und das zerstrittene Brüderpaar Huascar (1527–1532) und Atahualpa (1527 bis 1533).

Gottheiten des inkaischen Bereichs

Obwohl die Inka den Sonnenglauben zur Staatsreligion erhoben, haben sie doch das Bekenntnis zum Herrn der Sonne nicht in exklusiver Weise vertreten, sondern die Verehrung von Gottheiten toleriert, zu denen sich unterschiedliche Volksgruppen in den verschiedenen Landschaften ihres weiträumigen Reiches bekannten. Eine weise Politik scheint sich dabei unter den höherstehenden Schichten mit Zweifeln an der Allmacht der Sonne verbunden zu haben. Hatte doch selbst Pachacutic, der eifrigste Vertreter des Sonnenglaubens, gegenüber seinen Ratgebern geäußert, ein Mächtigerer als die Sonne, die jede Wolke zu verdecken imstande sei, müsse für den Schöpfer aller Dinge angesehen werden.[6]

Bei der ethnischen und lokalen Vielfalt des Reiches verwundert es nicht, daß der Schöpfergott unter verschiedenen Namen verehrt wurde, die die Staatsdoktrin in ein System zu bringen und in Abhängigkeit vom Sonnengott zu stellen versuchte. Eine Art Sukzessionsmythos läßt die Götter Con und Pachacamac mit ihrer Schöpfertätigkeit aufeinander folgen[7]: „Im Anbeginn der Welt kam von Norden her ein Mensch namens Con. Er hatte keine Knochen und strich weit und behende umher; um seine Wege abzukürzen, erniedrigte er die Berge und erhöhte die Täler, allein durch seinen Willen und sein Wort; denn er rühmte sich, ein Sohn der Sonne zu sein. Auch füllte er die Erde mit Männern und Frauen an, die er schuf, und denen er Früchte und Mais in Hülle und Fülle gab samt allem was sonst noch des Lebens Notdurft ausmacht. Als ihm aber einige Menschen Verdruß bereiteten, verwandelte er das fruchtbare Land, das er den Menschen gegeben hatte, in trockene, dürre Sandwüsten, wie sie noch heute an der peruanischen Küste bestehen, und nahm ihnen den Regen; in der Tat hat es dort seitdem nie mehr geregnet. Er ließ den Menschen aus Barmherzigkeit nur die Flüsse, damit sie durch künstliche Bewässerung und Feldarbeit ihr Leben fristen könnten.

[6] Disselhoff, a. a. O. (Anm. 2), S. 99f.

[7] Francisco Gómara, Historia de las Indias, Madrid 1749, S. 113. – Walter Krickeberg, Märchen der Azteken und Inkaperuaner, Maya und Muisca, Düsseldorf 1968, S. 213.

Danach kam Pachacamac, gleichfalls ein Sohn der Sonne und des Mondes, dessen Name ‚Schöpfer' bedeutet. Er verjagte Con und verwandelte dessen Menschen in die Katzen mit schwarzen Gesichtern, die es im Lande gibt. Dann schuf er von neuem Männer und Frauen so, wie sie noch jetzt sind, und versah sie mit allen Dingen, die sie heute besitzen. Zum Dank für diese Wohltaten erkoren die Menschen Pachacamac zu ihrem Gott."

Wie in diesem Text bereits erwähnt, bedeutet der Name Pachacamac „Schöpfer" oder, genauer übersetzt, „Weltschöpfer"; denn im Quechua ist *pacha* die „Erde" oder „Welt", und *camac* bedeutet „Schöpfer".

In inkaischer Zeit befand sich der Haupttempel des Pachacamac in der Gegend südlich des heutigen Lima. Er bildete dort eine vielbesuchte Wallfahrtsstätte, an der sich ein höchst angesehenes Orakel befand.

Im Küstengebiet, in dem er vornehmlich verehrt wurde, besaß Pachacamac offensichtlich nicht allein die Qualität eines urzeitlichen Schöpfergottes, sondern auch die eines Erhalters seiner Schöpfung, wobei besonders der Aspekt eines Vegetationsgottes hervortrat. Als solcher ist er auch in Gebeten angerufen worden. So wendet sich an ihn eine Frau mit den folgenden Worten, in denen sie ihre Bitte um Regen vorträgt[8]:

> Die ärmsten deiner Kinder,
> die ärmsten deiner Diener
> flehen mit Tränen:
> Gewähre das Wunder des Wassers,
> gewähre die Gabe des Regens
> dieser Unglücklichen,
> diesem Geschöpf,
> das du schufst.

Dem Gotte Pachacamac korrespondierte als weibliche „Erdmutter" die Göttin Pachamama, die im Innern der Erde wohnend gedacht wurde. Auch sie galt als ein Numen der Fruchtbarkeit. Als Opfertiere wurden ihr Lamas dargebracht.[9]

Während die im Inka-Reich fortdauernde Verehrung des Pachacamac der Küstenzone entstammte, wurde aus dem andinen Bergland ein zweiter Schöpfergott übernommen. Es war der stets bildlos vorgestellte Huiracocha, dessen engere Heimat am Titicaca-See, dem höchsten Bergsee der Anden, anzunehmen ist.[10]

[8] Victor W. von Hagen, Das Reich der Inka, Hamburg–Wien 1958, S. 71.

[9] Disselhoff, Das Imperium der Inka (Anm. 1), S. 179.

[10] Krickeberg, Trimborn, W. Müller und Zerries, Die Religionen des alten Amerika, Stuttgart 1961, S. 147f.

Der Name Huiracocha ist ebenso wie seine gelegentlich zu Con Ticci Huiraccha erweiterte Form nicht in befriedigender Weise geklärt. Wäre für Huiracocha eine Herkunft aus dem Quechua anzunehmen, so käme die Bedeutung „Lava des Meeres“ in Betracht, was eventuell auf den Titicaca-See hindeuten könnte. Auf den Titicaca-See verweist auch der Mythos, der Huiracocha zunächst mit jener Gegend verbindet, bevor sich der Gott auf seine Wanderschaft nach Norden begibt. Dabei erscheint Huiracocha sowohl als Schöpfergott als auch in der Rolle eines urzeitlichen Kulturheros.

Als Schöpfer gestaltet Huiracocha Himmel und Erde, und er bildet die ersten Menschen. Diese wurden als ein Geschlecht der Riesen gedacht, das dem Schöpfer selbst Mißfallen erregte. Das auch dem ›Popol Vuh‹ der Maya bekannte Motiv der unvollkommenen Schöpfung, des göttlichen Experimentes – und damit des wiederholten Versuches zur Bildung von Menschen –, taucht auch hier im Andenraum wieder auf. Um sich seiner unvollkommenen Schöpfung zu entledigen, vernichtet Huiracocha einen Teil der übergroßen Menschen und verwandelt andere in riesenhafte Statuen. Dieser Teil des mythologischen Berichtes trägt ätiologische Züge; denn er soll die Herkunft monolithischer Standbilder als versteinerte Zeugen einer unvollkommenen Menschenschöpfung erklären.

Erst einem weiteren Schöpfungsakt entstammen die heute die Erde bevölkernden Menschen. Huiracocha formte sie in ihrer jetzigen Körpergröße aus Lehm. Ihnen brachte er die verschiedenen Sprachen und Sitten bei, bevor er sie wieder zurück in die Erde schickte. Aus ihr kamen sie wieder an den jeweils für sie bestimmten Orten hervor.

Das Motiv des Kulturbringers, das bereits mit der Unterrichtung dieser zweiten Menschenschöpfung anklingt, verbindet sich in spezieller Weise mit einer Wanderschaft des Huiracocha. Als Bettler verkleidet, zieht der Gott nach Norden. Da man ihn oftmals nicht erkennt, versäumt man es, ihn zu verehren. Als man ihn an einem Orte sogar steinigen will, läßt er zu seiner Rettung Feuer vom Himmel herabfallen und damit Berge verbrenen. Aber er verschont diesmal die Menschen.

Es ist bezeichnend, daß er auf seiner Wanderung auch Cuzco berührt und daß damit diese später so bedeutsame Stadt des Inka-Reiches mit dem Schöpfergott und Kulturheros aus dem Bereich des Titicaca-Sees in Verbindung gebracht wird.

Dieser Mythos läßt darauf schließen, daß im religiösen Bereich pan-andine Ideen verbreitet waren, bevor die Inka ein Imperium errichteten, das die Einflußzonen vor-inkaischer Kulturen umfaßte und noch bei weitem überschritt.

Eingang ins inkaische Pantheon fand auch eine Göttin, die ursprünglich nur von den Stämmen der Küste verehrt und für die speziellen Bedürfnisse dieser Bevölkerung angerufen wurde. Es war dies die Mamacocha, die „Mutter See", die besonders von den Fischern als die Schutzherrin ihrer Lebens- und Berufsbedingungen verehrt wurde.

Unter den sehr zahlreichen Numina des inkaischen Pantheons trug zumindest noch eine Gestalt profiliertere Züge. Es war dies der Gewittergott Illapa, ein gefürchteter Herr verheerender Unwetter, aber auch ein wohltätiger Spender erquickenden Regens. Vorgestellt wurde er als ein Mann mit Keule und Schleuder. Er bezog den Regen aus einem den Himmel durchfließenden Strom. Dabei herrschte die Vorstellung, daß die Wasser dieses himmlischen Stromes von der Schwester des Gewittergottes in Krüge gefüllt würden, die dann Illapa, wenn es auf der Erde regnen sollte, donnernd und blitzend durchschlug. Mit dieser Tätigkeit hing der Name des Gottes zusammen, der wörtlich „Blitz" bedeutet.

An die Schwester dieses Gewittergottes wurde folgender Hymnus gerichtet[11]:

Schönes Mädchen von fürstlichem Blute,
Dein Bruder zerschlägt dir
Dein Krüglein in Stücke;
Das ist die Ursach,
Daß es donnert und blitzt.
Du aber, Mädchen,
Gießest dein Wasser
Als Regen hernieder.
Oder du läßt es
Zuweilen als Hagel
Oder als Schnee
Auf die Erde fallen.
Huiracocha,
Der Weltenmacher,
Der Weltenschöpfer,
Hat zu diesem Geschäfte
Dich auserkoren,
Dich zum Leben erweckt.

Neben den großen Gestalten religiöser Verehrung aus vor-inkaischer Zeit wurden aber auch niedere Numina ins Pantheon aufgenommen, Lokal-

[11] Garcilaso de la Vega, First Part of the Royal Commentaries of the Incas, hrsg. von Clements R. Markham, Bd. 1, London 1869, S. 197f. – Walter Krickeberg, Märchen der Azteken und Inkaperuaner, Maya und Muisca, Düsseldorf 1968, S. 247.

gottheiten sowie die übernatürlichen Mächte von Quellen, Flüssen, Bergen, Steinen und Höhlen. Die theologische Voraussetzung hierfür bestand im *huaca*-Glauben. Die inkaische Religion tolerierte die Verehrung dieser Numina, die dann als sogenannte *huaca* bezeichnet und damit legitimiert wurden.

Das der Quechua-Sprache entstammende Wort *huaca* kann man mit „übernatürlich" oder „heilig" wiedergeben, und es bezeichnet dann sowohl eine heilige Stätte als auch einen heiligen Gegenstand.[12] Vermutlich liegt die Wurzel dieser *huaca*-Vorstellung im Ahnenkult; denn bis heute werden Grabstätten mit *huaca* bezeichnet.

Sonnenverehrung und Sakralherrschertum

Die Großmachtstellung des Inka-Reiches und mit ihr die historich zuverlässige Berichterstattung über seine Herrscher beginnt mit dem Inka „Weltenwende", mit Pachacutic, der als neunter Inka der offiziellen Herrscherliste von 1438 bis 1471 regierte. Der Aufstieg dieses Inka Pachacutic ist mit dem Bericht über eine Theophanie verbunden.[13]

Gegen Ende der Regierungszeit seines Vaters, des Inka Huiracocha, befand sich Pachacutic außerhalb Cuzcos an einer Quelle. Er sah, wie eine Kristallscheibe in diese Quelle fiel, und in diesem Kristall gewahrte er die Gestalt eines Mannes, der nach Art der Vornehmen unter den Inka gekleidet war und jene Ohrpflöcke trug, die den Adel auszeichneten. Vom Kopf dieses Mannes aber erhoben sich drei helleuchtende Strahlen, gleich denen der Sonne. Schlangen wandten sich um ihn, und ein Puma umfaßte seine Schultern.

Als Pachacutic diese Gestalt erblickte, die das zum Ausdruck brachte, was wir heute *majestas* und *tremendum*, Erhabenheit und heiligen Schauer des Numinosen, nennen, erschrak er heftig und wollte fliehen. Aber die Erscheinung rief aus der Quelle seinen Namen und sprach zu ihm[14]: „Komm herbei, mein Sohn, und fürchte dich nicht. Denn ich bin dein Vater, der Sonnengott Inti. Wisse, du sollst dereinst viele Völker unterwerfen. Trage daher Sorge, mir große Ehrfurcht zu erweisen, und gedenke meiner bei deinen Opfern."

[12] Miloslav Stingl, Die Inkas. Ahnen der „Sonnensöhne", Wien–Düsseldorf 1978, S. 203.

[13] Vgl. G. Lanczkowski, Aufstieg und Untergang des Inka-Reiches, in: Universitas 20 (1965), S. 847–854.

[14] Cristóbal de Molina, Relación de las fábulas y ritos de los Incas, Santiago 1913, S. 127f. – Krickeberg, a. a. O. (Anm. 7), S. 261.

Der Bericht über dieses theophane Erlebnis, das Pachacutic widerfuhr, schließt, indem er das Verschwinden des Sonnengottes Inti nach den an den Inka gerichteten Worten überliefert. Allein der Kristallspiegel, der zum Medium des übernatürlichen Gesichtes geworden war, blieb in der Quelle zurück. Pachacutic nahm ihn an sich und bewahrte ihn sorgfältig auf. Er soll in ihm später alle zukünftigen Dinge erblickt haben.

Inti aber, dem Gott der Sonne, ließ er, sobald er den Thron bestiegen hatte, eine Statue verfertigen, die der visionären Erscheinung an der Quelle glich.

Allerdings führte im späteren Rückblick die Staatslegende der Inka den Sonnenglauben bereits auf Manco Capac zurück, den ersten Inka der Herrscherlisten. Ihm soll der Sonnengott am Titicaca-See erschienen und ihm den Befehl gegeben haben, den Indianern der andinen Bergländer eine höhere Kultur zu vermitteln. Um den zentralen Ausgangspunkt für die Durchführung dieses Auftrags zu gewinnen, habe Manco Capac aus der Hand des Sonnengottes einen goldenen Stab erhalten, der dort in die Erde sinken werde, wo der Boden fruchtbar und die Gegend geeignet sei für eine Stadtgründung.

Nach suchender Wanderschaft fand der dem göttlichen Willen gehorchende Manco Capac den Ort seines künftigen Wirkens, als sich das verheißene Vorzeichen an der Stelle der späteren Metropole des Inka-Reiches, nämlich bei Cuzco ereignete.

An der Stelle dieser späteren Stadt soll Manco Capac ein kleines, strohgedecktes Haus errichtet haben, das bereits er Curicancha, „Goldhof", genannt habe. Es wurde in späterer inkaischer Zeit zum zentralen Tempel von Cuzco ausgebaut. Dieses Heiligtum erhielt dann als Sinnbild des Sonnengottes eine goldene Scheibe. Außerdem erfolgte in ihm in späterer Zeit die Aufthronung der Mumien der verstorbenen Inka-Herrscher.

Wenn auch die Rückführung des Sonnenglaubens auf Manco Capac umstritten bleiben muß und als nachträglich entstandene Staatslegende angesehen werden kann, so ist doch für den Andenraum eine noch frühere, heute in die Anfänge unserer Zeitrechnung zu datierende Verehrung der Sonne nachweisbar durch das Sonnentor von Tiahuanaco.[15]

Die Ruinenstätte Tiahuanaco liegt in 3700 Metern Höhe am Südufer des Titicaca-Sees. In ihren Ruinen haben sich keine Zeugen für eine nennenswerte Wohnbevölkerung gefunden. Man schließt daraus, daß es sich um einen zu religiösen Festen aufgesuchten Wallfahrtsort gehandelt

[15] Jorge Miranda-Luizaga, Das Sonnentor. Vom Überleben der archaischen Andenkultur, München 1985.

Abb. 14: Der Inka und seine Gemahlin in einer von Männern getragenen Sänfte.

habe, um eine zentrale Kultstätte vielleicht für einen großen Teil des Andengebiets.

Neben Tempelanlagen ist der Ort ausgezeichnet durch das monolithische Sonnentor, das genau zur Sonne ausgerichtet war und an den Sonnenwenden bei Sonnenaufgang von einer Aureole umgeben wurde. Das aus einem einzigen Steinblock gehauene Tor ist 2,75 Meter hoch, 3,84 Meter lang und etwa 0,50 Meter breit. Sein Gewicht ist mit 7 Tonnen festgestellt worden. Über der schmalen Toröffnung befindet sich ein Flachrelief mit einer zentralen Gottesfigur, die im allgemeinen als der andine Schöpfergott Huiracocha gedeutet wird.

Wenn das Tor von Tiahuanaco auch ein frühes Zeugnis für eine Verbindung des Schöpfergottes mit der Macht der Sonne darstellt, so ist doch eine direkte Einflußnahme auf das Staatsdogma der Inka nicht nachweisbar. Gesichert ist nur eine frühe Verbreitung der Sonnenverehrung im Andenraum.

Eine solche Sonnenverehrung war für Aufstieg und innere Geschlossenheit des Inka-Imperiums von zentraler Bedeutung. Denn die das Reich zusammenhaltende Dynastie stand und fiel mit dem Bekenntnis zur Sonne, weil sich auf diesem Bekenntnis ihre einzigartige sakrale Stellung aufbaute. Die Verwirklichung eines Gottkönigtums kennzeichnete daher die innere Struktur des Inka-Reiches.

Ein sakraler Herrscher kann als auf Erden lebender Gott, als göttlich Erwählter oder als Sohn eines Gottes angesehen werden. Daß das Staatsdogma der Inka auf der letzteren Annahme einer Filiation beruhte, kommt bereits im Bericht über das theophane Erlebnis Pachacutics zum Ausdruck.

Inti, der Gott der Sonne, redet dort den künftigen Herrscher mit „mein Sohn" an. Der Inka, der damit zum „Sohn der Sonne" proklamiert war, trug diese Bezeichnung von nun an als einen seiner Titel: Intip Cori – „Sohn der Sonne".

Sowohl Ausdruck als auch Mittel zur Sicherung des Sakralkönigtums ist ein peinlich genau zu erfüllendes Zeremoniell religiös-rituellen Charakters. Im Reich der Inka hatte kein Sterblicher das Recht, dem Herrscher ins Angesicht zu sehen. Und selbst für die Großen und Mächtigen des Staates war es unumstößliches Gesetz, ihm im Palast und auf seinen Reisen nur dann zu nahen, wenn sie zuvor ihre Schuhe ausgezogen und ihre Schultern mit einer Last beladen hatten, die symbolisch ihre Unterwürfigkeit zum Ausdruck brachte.[16]

Es kann nicht übersehen werden, daß die religiös fundierte Ausnahmestellung des Herrschers eine tiefe Kluft aufriß, die die beiden großen sozialen Gruppen einerseits des niederen Volkes, andererseits des Adels gleichermaßen vom Herrscher trennte, von dem „einzigen Inka", wie er sich im Unterschied zum übrigen Inka-Adel nannte, von dem Sapay Inka. Allein der Sapay Inka war der rechtmäßige Besitzer des gesamten Landes, und seine Entscheidungen waren endgültig.

Die kultischen Funktionen des Herrschers traten am augenfälligsten zutage am Intip Raymi, dem Fest des Sonnengottes Inti, das jährlich zur Sommersonnenwende begangen wurde.[17] Hierzu erschien der Inka in Begleitung seiner gesamten Verwandtschaft bereits beim ersten Morgengrauen, um den Aufgang der Sonne zu erwarten. Sobald sie erschien, kauerten sich alle nieder, um sie anzubeten.

Im weiteren Verlauf des Festes brachte der Inka dem Sonnengott ein

[16] Louis Baudin, So lebten die Inkas vor dem Untergang des Reiches, Stuttgart 1957, S. 74.

[17] Vgl. Bertrand Flornoy, Rätselhaftes Inkareich, Zürich [2]1958, S. 178ff.

Abb. 15: Der Inka beim Fest der Sommersonnenwende.

Trankopfer dar. Auch tierische Opfer wurden beim Intip Raymi sowohl als Brandopfer als auch als Herzopfer vollzogen.

Demgegenüber ist glaubhaft bezeugt, daß Menschenopfer im Inka-Reich eine völlige Ausnahmeerscheinung darstellten. Man kannte sie vornehmlich als Totenbegleitopfer, die freiwillig beim Tod eines Herrschers vollzogen werden konnten. Grundlegend hierfür war der Glaube, daß dieses freiwillige Opfer dem Geopferten die Aufnahme in das Totengefolge des Inka und damit in ein paradiesisches Jenseits sicherstellen werde.

Der Sakralherrscher kann, wenn ihm ein weiträumiges Reich untertan ist, nicht alle der ihm theoretisch allein zustehenden religiös-kultischen Aufgaben erfüllen, sondern bedarf hierzu eines Priestertums. An der Spitze des inkaischen Priestertums, das in verschiedene Klassen unter-

Abb. 16: Der Inka eröffnet das Ackerjahr.

teilt war, stand der Hohepriester, der stets aus dem Geblüt des herrschenden Inka stammte und meist ein enger Verwandter, oft auch ein Bruder des regierenden Inka war. Er trug den Titel Huillac Uma.

Huillac ist der „Sprecher", und *uma* bedeutet „Kopf". Der Titel des Hohenpriesters läßt sich damit am besten mit „Sprechendes Oberhaupt" wiedergeben.

Eine für das Inka-Reich charakteristische Erscheinung war die Existenz eines weiblichen Priestertums. Die Angehörigen dieses Standes werden heute im allgemeinen als „Sonnenjungfrauen" bezeichnet. Im Quechua wurden sie *aclla* genannt. Das Wort bedeutet „Auserlesene, Auserwählte".

Diese *aclla* lebten in der Gemeinschaft klosterähnlicher Häuser, die *acllahuasi*, „Häuser der Auserwählten", hießen. Während ihres dortigen Aufenthaltes waren diese inkaischen Priesterinnen zur Ehelosigkeit verpflichtet. Nach ihrem Austritt aus dem klosterähnlichen Verband heirateten sie meist in adlige Familien. Während der Zeit ihres Priestertums

Abb. 17: Der Hohepriester der Inka (links) verrichtet ein Brandopfer.

bestanden ihre Funktionen vornehmlich in Hilfeleistungen beim Tempeldienst.

Der inkaische Mensch

Die Lebensaufgabe eines jeden Menschen im Inka-Reich kann mit einem einzigen Satz umschrieben werden: Es war seine Pflicht, dem Inka zu dienen. Zu diesem Zweck bestand eine allgemeine Arbeitspflicht, die terminologisch mit *mi'ta* bezeichnet wurde.[18] Für das einfache Volk bedeutete dies harte körperliche Arbeit bei der Errichtung profaner und sakraler Gebäude, vor allem aber beim Bau berühmter Königsstraßen der Inka.

18 Victor W. von Hagen, a. a. O. (Anm. 8), S. 88ff.

Bei der Beurteilung dieses Arbeitsdienstes ist nicht allein zu berücksichtigen, daß ihm eine großzügige soziale Fürsorge des Staates für Alte und Kranke korrespondierte, sondern auch, daß jedem vorschnellen Vergleich mit einem säkularisierten Kollektivismus die Tatsache entgegensteht, daß die gemeinschaftliche Arbeitsleistung als Dienst für einen Sakralherrscher und damit letztlich als religiöse Aufgabe begriffen wurde. Der Vergleich mit dem Pyramidenbau Altägyptens ist in dieser Hinsicht durchaus am Platze.

Auch die mit dem Begriff *hucha* bezeichnete Sünde wurde nicht als rein individuelle Angelegenheit beurteilt. Vielmehr herrschte die Ansicht, daß ethische Vergehen für das ganze Volk verderbliche Folgen hätten. Als besonders schwere Sünden galten Mord, Totschlag, Sittlichkeitsverbrechen und Diebstahl.

Sowohl der Vollzug derartiger Delikte als auch bereits ihre Planung waren den Priestern zu beichten. Die Beichte leitete sich ab von dem Bündel Heu, das der Beichtende in der Hand zu halten hatte. „Heu“ heißt im Quechua *ichu*, und hiervon leitete sich für „Beichte“ der Terminus *ichuri* ab.

Das ethische Verhalten während des Erdenlebens dürfte auch, obwohl wir darüber leider wenig ausführlich orientiert sind, als bestimmend angesehen worden sein für das jeweilige Jenseitsgeschick.[19] Von den beiden Totenreichen, die die Inka kannten, wäre dann die Unterwelt *(ukhu pacha)* den Sündern bestimmt gewesen. In dieser Unterwelt, die der Erdgöttin Pachamama unterstand, herrschten Kälte und Hunger, und Steine waren die einzige Nahrung.

Demgegenüber galt die zweite Jenseitsregion, die Oberwelt *(hanac pacha)*, als ein paradiesischer Aufenthaltsort der Verstorbenen, der offensichtlich für diejenigen bestimmt war, die ein rechtschaffenes Leben geführt hatten. In dieser Oberwelt herrschte der Hauptgott der Inka-Dynastie und des Reiches, der Sonnengott Inzi. Seine göttliche Schwester war Mama Quilla, die „Mutter Mond“.

[19] Vgl. a. a. O. (Anm. 10), S. 145.

DAS INDIANISCHE ERBE

Vor allem Robert Ricard hat mit seinem Werk über die geistige Eroberung Mexikos wesentlich zur Bekanntgabe der These einer Schulrichtung der Altamerikanistik beigetragen, nach der die gegenwärtige religiöse Situation Lateinamerikas durch die Existenz einer „Mischreligion" gekennzeichnet sei.[1] Wenn auch diese Bezeichnung dem indianischen Erbe einen sehr hohen Stellenwert beimißt, so ist doch unbestritten, daß vorchristliche Traditionen lebendig geblieben sind.

Ein wesentliches Element zur Bewahrung indianischer Überlieferungen bildeten die einheimischen Sprachen. Sie wurden von den ersten christlichen Glaubensboten als Missionssprachen benutzt und blieben damit auch für religiöse Aussagen erhalten. Christliche Katechismen wurden in überlieferter Bilderschrift erstellt und von den Einheimischen selbstverständlich in ihren Idiomen gelesen.[2] Wenn auch die heutige Verbreitung indianischer Muttersprachen, vermutlich unter Millionen von Indianern, statistisch schwer zu erfassen ist, weil häufig die spanische Zweitsprache angegeben oder gezählt wird, so ist doch aufschlußreich, daß 1978 in Mexiko die Gründung einer Lehrerbildungsanstalt mit dem Aztekischen als obligatorischer Unterrichtssprache beschlossen wurde[3] und daß am 27. Mai 1975 das peruanische Kabinett ein Dekret erließ, durch welches das Quechua zur gleichberechtigten Amtssprache neben dem Spanischen erhoben wurde.[4]

Im sakralen Bereich sind Namen und Begriffe aus vorchristlicher Zeit bis heute lebendig geblieben. Die alte Priesterbezeichnung *ahkin*, „der

[1] Robert Ricard, La «conquête spirituelle» du Mexique, Paris 1933. – Weitere Vertreter dieser These mit den dafür bezeichnenden Arbeiten: Manuel Gamio, Forjado patria (Pro nacionalismo), Mexico 1916. – Ders., Mexican Immigration to the United States. A Study of Human Migration and Adjustment, Chicago 1930. – Ders. und José Vasconcelos, Aspects of Mexican Civilization, Chicago 1926. – Ricardo Rivera, La heterogeneidad étnica y espiritual de México, Mexico ²1931. – Ernest Gruening, Pagan-Catholic Mexico, in: The Nation 28 (New York Januar 1931).

[2] Vgl. Catecismo de la Doctrina Cristiana de Fr. Pedro de Gante, Faksimile-Ausgabe Madrid 1970.

[3] Frankfurter Allgemeine Zeitung vom 12. 8. 1978.

[4] Archiv der Gegenwart vom 29. Mai 1975.

von der Sonne", ist bei den Maya auf den katholischen Kleriker übertragen worden,[5] und *ahau*, einer der religiös geprägten Ehrentitel des Maya-Herrschers, des Halach Unic, wurde in kolonialer Zeit auf den König von Spanien übertragen.[6] Viracocha, der alte Name des inkaischen Hochgottes, hat sich bis heute im andinen Bereich als Anrede von Europäern durch die Bergindianer erhalten.[7]

Im Maya-Gebiet wurde Hunabku, der „einzige Gott", Name für den christlichen Gott,[8] und Ekchuah, das kriegerische Numen der Kaufleute, wurde zum Repräsentanten des Heiligen Geistes.[9]

Mit den alten Namen sind die einstigen Namensträger lebendig geblieben. Auf den Sakralherrscher Atahualpa, den letzten Inka, wurden noch lange nach der Conquista Elegien verfaßt[10]: „Es erkaltete bereits das große Herz des Atahualpa, da schluchzten die Menschen der Vier Weltgegenden."

Für Quetzalcoatl und für seine bleibende Erinnerung im mexikanischen Bereich ist es charakteristisch, daß José López Portillo in seiner Amtszeit als Präsident Mexikos im Jahre 1965 eine Monographie über den vergöttlichten Toltekenherrscher veröffentlichte.[11]

Wie die alten Namen so sind auch die alten Mächte nicht untergegangen. Noch heute gilt wie in alter Zeit im mexikanischen Bereich der Kolibri, einst der Vogel des aztekischen Stammesgottes Huitzilopochtli, als Bote und Bringer des Frühlings. Und als 1964 beim Transport einer Kolossalstatue des Tlaloc sintflutartige Regenfälle einsetzten, schrieb man dies dem Wirken des alten Regengottes zu.[12]

Die Pipil, indianische Stämme, die von toltekisch-aztekischen Vorstellungen geistig beeinflußt wurden, glaubten noch in neuester Zeit an einen Erdgott, den „Alten im Berge", und an die Regenknaben, die einstigen Gehilfen des Tlaloc.[13]

Die numinose Beseeltheit von Naturphänomenen, die im Inka-Gebiet

[5] Ferdinand Anders, Das Pantheon der Maya, Graz 1963, S. 47.

[6] Sylvanus Griswold Morley, The Ancient Maya, Stanford, Cal. 1958, S. 145.

[7] Hans D. Disselhoff, Das Imperium der Inka, München 1978, S. 173.

[8] Anders, a. a. O. (Anm. 5), S. 297.

[9] Anders, a. a. O., S. 328.

[10] Manuel Sarkisyanz, Vom Beben in den Anden. Propheten des indianischen Aufbruchs in Peru, München 1985, S. 88.

[11] José López Portillo y Pacheco, Quetzalcóatl. Aus dem Spanischen von Wolfgang Promies, Frankfurt a. M. 1978.

[12] Newsweek vom 27. 7. 1964.

[13] Leonhard Schultze Jena, Indiana II. Mythen in der Muttersprache der Pipil von Izalco in El Salvador, Jena 1935, S. 40ff., S. 60ff.

die Grundlage des *huaca*-Glaubens bildete, hat sich bis heute in den Vorstellungen der Indianer erhalten und gilt vornehmlich der Heiligkeit hoher Berge, die mit dem ehrfurchtsvollen Quechua-Prädikat *apu* bezeichnet werden.[14]

Auf funerärem Gebiet herrscht bis heute bei den Maya der Glaube an das Alte Todesnumen Yum Cime, das beutesuchend die Häuser der Kranken umschleichen soll.[15]

Unmittelbar in den christlichen Bereich wurde die aztekische Vorstellung vom Fortleben bevorzugter Toter als Prunkvögel übernommen. Sie wurde in einem aztekischen Gesang auf einen christlichen Priester übertragen[16]: „Überall auf der ganzen Welt lebt der Cacatli-Schmuckvogel, zu dem er, unser lieber Vater, der Padre, geworden ist."

Auf kultischem Gebiet tritt das indianische Erbe am augenfälligsten in Erscheinung. Alte Tänze sind in den christlichen Gottesdienst integriert. Das Ballspiel ist zwar zu einem säkularisierten Sport geworden, aber an seine einstige sakrale Bedeutung erinnert noch, daß es nur an Sonntagen gespielt werden darf.

Das jetzt unter dem spanischen Namen «Juego del Volador» bekannte Fliegerspiel, bei dem junge Leute einen hohen Mastbaum erklettern und einst ein Symbol für die zurück zur Erde gelangenden Krieger herabholen mußten, ist ebenfalls zu einem Sport geworden, der auf alten religiösen Traditionen beruht.

Als einst die Spanier ihre christlichen Kathedralen erbauten, errichteten sie sie vielfach auf den Kultstätten der Indianer. Mit einer häufig in der Missionsgeschichte zu beobachtenden Praxis überhöhten sie die heidnische Stätte mit dem sichtbaren Zeichen der siegreichen christlichen Religion. Aber sie knüpften zugleich auch an den sakralen Sinn des vorgefundenen Heiligtums und ermöglichten damit, diesen religiösen Untergrund wieder zu beschwören.[17]

Nur scheinbar allerdings liegt dies vor beim zentralen Heiligtum Mexikos, das der Verehrung der Nuestra Señora de Guadalupe gilt, die seit 1754 die Patronin Mexikos ist. Das Heiligtum befindet sich zwar bei Tepeyacac, „an der Bergspitze", der Stätte, an der einst die Teteo innan, die

[14] H. D. Disselhoff und Otto Zerries, Die Erben des Inkareiches und die Indianer der Wälder, Berlin 1974, S. 50.

[15] Morley, a. a. O. (Anm. 6), S. 200.

[16] G. Lanczkowski, Der aztekische Blumengesang, in: Ex Orbe Religionum II. Festschrift Geo Widengren, Leiden 1972, S. 235.

[17] Vgl. G. Lanczkowski, Aztekische Sprache und Überlieferung, Berlin–Heidelberg–New York 1970, S. 100.

„Göttermutter“, verehrt wurde. Aber eine bewußte Anknüpfung liegt nicht vor. Vielmehr beruht die christliche Bedeutung des Ortes auf einer Offenbarung, die dort am 9. Dezember 1531 einem Indianer zuteil wurde, der den christlichen Taufnamen Juan Diego trug.[18]

[18] Francis Johnston, So hat Er keinem Volk getan. Das Wunder von Guadalupe, Stein am Rhein/Schweiz 1986.

BILDNACHWEIS

Einbandbild: Museo Civico Numismatico, Etnologico e Archeologico di Torino
Abb. 1: Diego Durán: Historia de los Indios de Nueva España
Abb. 2: nach ›Glanz und Untergang des alten Mexico‹ Mainz: Verlag Philipp von Zabern 1986
Abb. 3: Codex Magliabecciana. Biblioteca Nazionale Centrale, Firenze (Fotografia Isabella Sansoni)
Abb. 4: nach Jean Descola: Gold, Seelen, Königreiche. Stuttgart: W. Spemann Verlag 1959
Abb. 5: Codex Fejervary-Mayer. Merseyside County Museums, Liverpool
Abb. 6: Codex Borbonicus, entnommen aus: Glanz und Untergang
Abb. 7: aus einem Stich von Bouquet in Alexander von Humboldt: Vues des Cordillères et Monuments des Peuples indigènes de l'Amérique. Paris 1816
Abb. 8: The Peabody Museum of Archaeology and Ethnology, Harvard University, Cambridge (Mass.)
Abb. 9: nach Wolfgang Cordan: Mexico. Düsseldorf–Köln 1955, mit Genehmigung der Büchergilde Gutenberg
Abb. 10: The Peabody Museum of Archaeology and Ethnology, Harvard University, Cambridge (Mass.)
Abb. 11: nach Ubbelohde-Doering
Abb. 12: laenderpress, Düsseldorf
Abb. 13: Felipe Guaman Poma de Ayala: Nueva Crónica y Buen Gobierno. Faksimileausgabe Paris 1936
Abb. 14: nach Victor W. von Hagen: Das Reich der Inka. Hamburg–Wien: Paul Zsolnay Verlag 1958
Abb. 15: Nueva Crónica
Abb. 16: nach Descola
Abb. 17: nach Rafael Karsten: Das altperuanische Inkareich und seine Kultur. Leipzig 1949
Tafel I: Rolf Schulte, Hildesheim
Tafel II: Codex Mendoza. Bodleian Library, Oxford
Tafel III: Museum für Völkerkunde, Basel

REGISTER

Aclla 114
Ahkin 99
Ah Puech 85
Ahuitzotl 35
Akkommodation 14
Alter-ego-Idee 43
Anders, Ferdinand 81. 90
Apu 119
Atahualpa 115. 118
Avila, Francisco de 20
Aztekisch 117
Aztlan 29

Ballspiel 94f. 98. 119
Bayeux, Teppich von 16
Blumenkrieg 53
Brasseur de Bourbourg 18
Busch, Wilhelm 16

Cabracan 86. 95
calmecac 58
Capac Yupanqui 103
Ce acatl 22
Centizon totochtin 48
Chac 73. 82f. 98
Chalchihuitlicue 46. 56
chen 73
Chichén Itzá 71. 98
Chilam Balam 18. 79. 97
Chimalmat 86
Chimalpahin 14. 17
Cholula 11
Cieza de León, Pedro de 19
Cinteotl 47
Ciuacoath 2. 36. 49
Coatlicue 31ff.
Codex Borbonicus 15
Codex Borgia 15
Codex Dresdensis 17
Codex Mendoza 15
Codex Paresianus 17
Codex Tro-Cortesianus 17
Colegio Imperial de Santa Cruz de Tlatelolco 16
Comic strips 16
Conquista, Conquistadoren 1ff. 14
Copán 68
Cortés, Fernando 6f. 10. 17. 23. 30. 34. 37. 74
Cozumel 73. 84
Curicaucha 110
Cuzco 102. 107. 110

Dante 62
deus otiosus 83
Dominikaner 9
doze frayles 14
Dualismus 81ff.

Ekchuah 87. 118
El Mirado 69

Fasten 99
Franziskaner 9. 14
Fliegerspiel 119

Garcilaso de la Vega 20
Guatemala 67f.

Haekel, Josef 42
Halach Uinic 77. 99
hanac pacha 116
Heinrich der Seefahrer 5
Henotheismus 40
Hieroglyphen 16
Holzmenschen 92

Honduras 67
Huaca 109. 118
Huascar 7. 105
Huayna copac 4. 105
Hucha pacha 116
Huillac Uma 117
Huitzilopochtli 2. 27ff. 59
Humboldt, Alexander von 1
Hum Camic 95
Hun hunahpu 95
Hun Toh 88
Huracan 89. 103. 106. 118

ical teotl 38
ichan tonatiuh ilhuicac 63
ichnu 116
ichuri 116
Illapa 118
Indienrat, Königlich Spanischer VII
Inka Rocha 113
Inti 109ff.
Intip Cori 112
Intip Rayami 112
Ipalnemoa 8f. 49f.
Itzá 6
Itzamná 74. 83
Itzcoatl 35
Ixchei 73. 84
ixiptlatli 74
Ixtat 85
Ixtlilxochitl 1. 17
iyollo ilhuicatl 90

Jakobus der Ältere 5
Jenseitsgeschick 60ff.
Jesuiten 9

Kalender, augurischer 57
Kalenderstein 65ff.
Karl der Große 5
Karl V. 10. 16. 30
kinich Ahau 83
Kolibri 29. 118
Knotenschrift s. quipu
Kukulcán 26. 72
Kukumatz 26. 72. 90
Kulturbringer 106

Landa, Diego de 3. 15. 69
Lloque Yupanqui 103

Maisgott 83f.
Maismenschen 93
Mamacocha 108
Mama Quilla 116
Manco Capac 102. 116
Martin von Valencia 14
Maya 25f. 67ff.
Mayahuel 48
Mayapán 71. 75
Mayta Capac 103
Mendoza, Antonio de 15
Menscheneulen 23
Menschenopfer 53ff. 98
Mexitli 33
Mictlan 61f.
Mictlanciuatl 61f.
Mischreligionen 117
Mita 115
Mitla 49
Mixteken 15. 35
Montejo, Francisco de 6
Montezuma 10
Motecuçoma I. 1. 35. 53. 65
Motecuçoma II. 1f. 11f. 29f. 35. 58

Nacom 47
Nagualismus 37f. 43
Nahualli 43
Nahuatl 17
Nappatecutli 47. 51
Nezahualcoyotl 42
Nezahualpilli 1f.
Nonohualco 25
Nuestra Señora de Guadalupe 119
Nuestra Señora de los Remedios 11
Nueva España 6

Ollanta 104
Omeciuatl 38. 56

Ometecutli 38. 55f.
Opochtli 47
Orbis christianus 5
Oxtlahuntiku 97

Pachacamac 105f.
Pachacutic 104ff. 109
Pachamama 106. 116
Palenque 58. 68
Payual 52
Peten 97
Philipp II. 9
Pipil 78. 118
Pirenne, Henri 4f.
Pizarro, Francisco 6
Polytheismus 40. 45
Popol Vuh 18. 27. 88ff. 98. 106
Priester, Priestertum 28. 58. 77. 99. 117
Pulque 24. 48
Pyramiden 34f.

Quauhtemoc 36
Quechua IX. 19. 117
Quetzalcoatl 12. 21ff. 59. 72. 98. 118
Quetzalpetlatl 24
quipu 19

Rabinal Achi 18. 54
Reconquista 5
Regengott 21. 45
Relación de las cosas de Yucatán 15
Religionsgespräch, franziskanisch-aztekisches 9. 14
Ricard, Robert 117
Roderich 4

Sahagún, Bernardino de 1f. 14. 16. 18. 23
Sakralherrschertum 36. 109
Sapay Inka 119
Sarmiento de Gamboa, Pedro 19
Schakal 55ff.
Schellhas, Paul 81
Schlammenschen 92
Schneider, Reinhold 6
Schöpfung 88ff.
Sinchi Roca 103
Sintflut 92
Sonnenglauben 105ff.
Sonnentor 111
Soustelle, Jacques 53. 64
Spiegel 24

Tahuantisuyu 101
Tariq 4
telpochcalli 28
Tenoch 33
Tenochtitlán 33ff.
teocalli 35
Teotihuacan 21. 45
Tepeyacac 49. 119
Tepictoton 47
Teteo eco 51
Teteo innan 49. 119
Tetzcoco 29. 33f. 42
Tezcatlipoca 24. 28. 39. 51
Tezozomoc 17
Theophanie 51f. 109
Tikal 68
Titicaca-See 106. 110f.
tlacamictiliztli 53
tlacatecutli 36
tlacaxipechualiztli 48
Tlaloc 11. 28. 45f. 118
Tlalocan 46. 63
Tlaloque 46
Tlapallan 26
tlaquani 60
Tlatelolcu 8
tlatlacatecollo 23
tlatoani 36
Tloque Navaque 37
Tohil 87
Tollan 21ff.
Tolteken 21ff. 72
Tonacatecutli 93
tonalamatl 49
Tonatiuh 48. 63
tota 40

Toxcatl 51
Trickster 40
Tula 21
Tupac Yupanqui 105
tzonot 73

Uaxactún 68
ueue teotl 40
u gux cah 27. 90
Uxmal 71

vel teotl 39
Veracruz 6
Vucub humahpu 95

Wahrheitsliebe 58
Wallfahrten 73. 99
Weltzeitalter 2f. 97

Xiballa 95
Xipeme 51. 58
Xipetotec 44. 48. 51
Xiuhtecutli 40. 44
Xochipilli 47
Xochiquetzal 47
Xochiyaoitl 53

Yacatecutli 41ff.
Yahua Huacac 103
yaqui vinak 26. 72
Yucatán 67
Yum Cime 119

Zapoteken 45
Zipacna 95
Zodiakallicht 1
zuyua than 78
Zumárraga, Juan de 15f.